Las Enseñanzas
del Caballero
de la Armadura Oxidada

CARLOS VELASCO

LAS ENSEÑANZAS DEL CABALLERO DE LA ARMADURA OXIDADA

EDICIONES OBELISCO

Si este libro le ha interesado y desea que le mantengamos informado de
nuestras publicaciones (Astrología, Ciencias Ocultas, Autoayuda, Libros
Infantiles, Naturismo, Artes Marciales, Espiritualidad, Tradición, etc...)
escríbanos indicándonos qué temas son de su interés y gustosamente
le complaceremos. Puede visionar nuestro catálogo en
http://www.edicionesobelisco.com

Colección Nueva Consciencia
LAS ENSEÑANZAS DEL CABALLERO DE LA ARMADURA OXIDADA
Carlos Velasco

1ª edición: junio de 2001
2ª edición: julio de 2001
3ª edición: octubre de 2001
4ª edición: noviembre de 2001
5ª edición: junio de 2002

Diseño cubierta: *Michael Newman*
Ilustración: *Mario Diniz*
Maquetación: *Marta Rovira*

ISBN: 84-7720-859-X
Depósito legal: B-30.333-2002

Printed in Spain

Impreso en España en los talleres de Romanyà/Valls S.A.
Verdaguer, l. 08786 Capellades (Barcelona)

A Malika y Omar,
mis maestros.

A Eugenio y Silvia, mis padres,
y a todos los que fueron maestros
en algún momento de mi vida.

AGRADECIMIENTOS

A Robert Fisher por su libro, por el entusiasmo que puso en el mío y por su amistad; a la editorial, por la confianza que depositó en este proyecto; a todos aquellos que asistieron a las terapias, porque sus experiencias del proceso terapéutico me facilitaron, aún más, la comprensión del Proceso del Caballero, y a todos los que me apoyaron incondicionalmente.

Nota de Robert Fisher

Autor de *El Caballero de la Armadura Oxidada*

Cuando el profesor Carlos Velasco me pidió permiso para escribir *Las Enseñanzas del Caballero de la Armadura Oxidada* le respondí que sería para mí un honor que lo hiciera. Era la primera vez que alguien quería escribir un libro sobre mi libro. Aunque no tengo amplios conocimientos de español, leí lo suficiente como para darme cuenta de que había plasmado perfectamente los valores psicológicos de *El Caballero de la Armadura Oxidada*. Me alegro de que mucha gente pueda usarlo como terapia en su vida diaria. En Estados Unidos ha sido usado como tal en diferentes consultas de psicólogos. Espero ver pronto su libro traducido al inglés para que les sirva de guía y puedan aplicar mi libro de la mejor forma.

A parte de este excelente libro de Carlos, estoy muy agradecido de que *El Caballero de la Armadura Oxidada* haya hecho posible el nacimiento de una profunda amistad con este amable e inteligente hombre.

Robert Fisher

INTRODUCCIÓN

Cómo se gestó «Las Enseñanzas del Caballero de la Armadura Oxidada». Este libro se basa en la obra de Robert Fisher titulada *El Caballero de la Armadura Oxidada*, que es una fuente de la que emana un sinfín de vivencias y símbolos relacionados con la esencia del Ser. Lógicamente, tan profusa obra evoca numerosas interpretaciones. Durante cinco años he dialogado con este libro y he puesto en práctica los conocimientos extraídos de él en talleres de crecimiento personal, seminarios, conferencias y psicoterapia individual. Lentamente he ido gestando una interpretación psicológica y simbólica del mismo. Mis alumnos me han hecho ver la necesidad de dar a conocer estos trabajos de profundización en el Proceso por el que pasa el Caballero. Se trata de un Proceso de Desvelamiento de bajada a los infiernos y subida a los cielos en el plano psicológico, emocional, corporal, energético y espiritual, así como en el existencial y en el simbólico, para facilitar una mayor comprensión del libro y servir así de ayuda al Proceso particular de cada uno.

Este libro es una INTERPRETACIÓN que trata de poner de relieve las enseñanzas que se derivan de la obra *El*

Caballero de la Armadura Oxidada. Tiene como finalidad la consecución de los siguientes objetivos:

- Contribuir a un mayor autoconocimiento, al relacionar los aspectos del viaje autotransformador del Caballero con el proceso psicoterapéutico de la psicología y con la manera de ser en el mundo.

- Comprender los símbolos de transformación que aparecen en este libro y estimular y redescubrir el mundo simbólico fuera y dentro de nosotros mismos.

- Tomar conciencia de su propia armadura y de cómo liberarse de ella.

LA OBRA DE ROBERT FISHER. El autor pasó por una experiencia espiritual en ocho ocasiones en las que estuvo próximo a la muerte. En ellas escuchaba una voz en su interior que le decía: «No debes morir, todavía no has completado lo que has venido a hacer».

La voz le susurraba el título del libro y la historia que tenía que escribir. Esa experiencia transformó su vida tanto en lo espiritual como en lo físico, pues la voz le revelaba la manera de curarse mediante la Medicina Natural. También empleó la risa. Lo significativo de todo ello es la actitud que tuvo de aceptación de lo que la voz le decía, pues, como expresa Robert Fisher: «En este estado de aceptación y de obediencia uno es capaz de ir más allá de la psicología del ego y oír y experimentar los milagros del Universo».

La experiencia transformó su vida. Durante seis años y medio se dedicó a escribir lo que esa voz interior le decía.

En su libro narra una historia iniciática universal que fluyó del Universo a él. Tiene ese toque especial de libro «canalizado». Es una obra que sirve de iniciación a una vida espiritual profunda dirigida a toda persona con independencia de cuáles sean sus creencias o fomación filosófica. Sin duda en eso estriba el éxito de ventas de este pequeño gran libro, que ya ha sido traducido a varios idiomas y del que, sólo en español, ya se han vendido más de un millón de ejemplares (58 ediciones).

La obra de Fisher contiene todo lo esencial de un proceso de transformación y no hay nada gratuito. Posee el secreto de un rompecabezas, con todos los elementos imprescindibles para configurar el dibujo de la existencia e interactuar con ella. No le falta ni le sobra nada. Ofrece una lectura rica en elementos simbólicos. Parece el resultado de la decantación alquímica de un depurado crisol.

De lectura fluida y fácil asimilación, tiene gran cohesión interna, es transparente, sencillo pero profundo, y abarca diversos niveles de comprensión. Es uno de esos libros que deja un sabor de conocimiento, satisfacción y alegría.

La forma y el contenido –la copa y el líquido– dan vida y regeneran a todo aquel que lo tiene en sus manos.

Su lectura va directamente al núcleo del Ser. Es un libro de alcance universal que será recordado en la posteridad.

Dirigido a un público amplio, traspasa barreras culturales, edades y condición social (buscadores de desarrollo personal, psicólogos, pacientes, personal de empresa y de servicio social, educadores o estudiantes).

CONCEPTOS Y CLAVES
PARA COMPRENDER EL LIBRO

ES LITERATURA HEROICA DE ADULTOS. Narra una aventura de alquimia interior en la que el héroe, representado en la figura del Caballero, recorre un camino de transformación, toma conciencia de su armadura y se libera de ella para poder así llegar a la Fuente. La historia se desarrolla en la naturaleza: bosques, animales, montañas, senderos, arroyos y castillos.

La armadura tiene un sentido metafórico y representa la barrera que ponemos entre nuestro ego y nuestra realidad interior. Es la barrera que impide que dejemos fluir nuestros sentimientos, que nos conozcamos y nos amemos a nosotros mismos y a los demás.

La liberación de la armadura se produce cuando uno se enfrenta consigo mismo, toma conciencia de que se halla encerrado en ella y derrama lágrimas de auténtico sentimiento.

El Caballero tomará en un momento determinado la decisión más importante de su vida: liberarse de la armadura. Para ello emprenderá un viaje de ascensión a la montaña, escalonado en siete pruebas por las que tendrá que pasar para liberarse de su armadura y alcanzar el conocimiento de sí mismo y del amor.

17

Es un viaje que entraña dificultades y lágrimas de sufrimiento, pero también de felicidad.

EL TIEMPO que emplea desde que sale de su castillo hasta llegar al final –que es el momento en que logra coronar la Cima de la Verdad–, puede ser un periodo no inferior a un año. Atraviesa diversas pruebas y para superarlas pasa en unas más tiempo que en otras. Así, por ejemplo, en la segunda prueba –en los bosques de Merlín–, transcurren varios meses; en la cuarta prueba –el Castillo del Silencio– pasa un período más largo, pues aunque cree que no ha estado más que una sola noche, se debe a su percepción inusual del tiempo, en realidad ha tenido que pasar un tiempo considerable, pues la ardilla ha logrado recoger cinco mil nueces. De cualquier manera, y considerando que se trata de un cuento de héroes en el que la noción del tiempo se diluye, lo cierto es que un proceso de transformación tan profundo como ése requiere un tiempo amplio para remover, decantar y purificar el yo y encontrarse con el Ser.

EL PROCESO por el que pasa no es una terapia de las llamadas «light», con las que se pretende alcanzar la espiritualidad sin pasar por una toma de conciencia de los propios conflictos; supone un viaje de muerte y renacimiento e implica un sufrimiento necesario, aunque productivo y fértil. La espiritualidad es un asunto de la vida cotidiana, son las cosas del día a día las que desvelan el Ser. En consecuencia, desde el comienzo del Proceso, es necesario considerar que detrás del falso yo están las luces del Yo verdadero.

El Proceso que emplea para conocerse a sí mismo cuenta con los elementos imprescindibles de una Psicoterapia Profunda, en la que el Caballero entra en el océano de los conflictos de su armadura. Los encuentra en la infancia, en la relación con su familia y en el papel profesional que ha ejercido, el de caballero y cruzado. Los revive, se hace consciente de ellos y se libera de la carga energética de los mismos, alcanzando así un estado de alivio y de satisfacción. Será más libre de la tiranía del falso yo y actuará más de acuerdo con su Yo verdadero.

EL ARTE DE LA VIDA CABALLERESCA. El término «caballero» puede resultar ambiguo. Las órdenes de caballería, cuyo origen se remonta al siglo XI, han tenido fines muy diversos, e incluso intereses opuestos.

El arte de la vida caballeresca estaba subordinado a una finalidad espiritual. Consistía en un conjunto de tradiciones y costumbres practicadas durante la Edad Media en las que primaba más bien el sentido espiritual y ético que el aspecto militar.

El ideal del caballero estaba orientado hacia la aventura. Luchaba por la Humanidad, favoreciendo al débil y castigando al opresor. Nuestro caballero, tal como se narra en este libro, rescataba damiselas en apuros de las garras de los dragones, participaba en las batallas y cruzadas y luchaba contra sus enemigos que eran malos, mezquinos y odiosos.

Aunque su práctica de caballero y de cruzado hubiera estado orientada hacia lo espiritual y ético más que hacia lo militar, lo cierto es que nunca llegó a comprender y poner en práctica ese conocimiento, ya que su forma de actuar y los resultados que obtenía eran totalmente opuestos a dicha finalidad espiritual. En lugar de transformar su ego, limándolo de toda impureza, incrementaba aún más las capas de armadura de su imperfección, lo cual le producía dificultades en la vida cotidiana. Cada día tenía más conflictos con su familia. Se obsesionaba por conseguir mayor fama y admiración en las batallas y cruzadas, pero su cuerpo delataba esos conflictos con tensiones musculares crónicas y ausencia de calor en el corazón.

LAS SIETE PRUEBAS DE TRANSFORMACIÓN. Todo héroe tiene que pasar por unas pruebas o tareas y, al resolverlas, se acerca más al Sí mismo.

El Caballero tiene que pasar por siete pruebas y no podrá acceder a una sin haber resuelto el enigma de la anterior. En cada una de ellas adquiere una virtud tras haberse desprendido del lastre de un rasgo negativo.

El número siete es un número de transformación. Hay siete niveles del alma, siete cielos, siete planetas, siete mares, cada siete años se renuevan las células del cuerpo, hay siete estados en la jerarquía de la Creación (mineral, vegetal, agua, aire, animal, fuego y hombre).

Los castillos que aparecen en el libro simbolizan castillos interiores o moradas del yo experimentador que el Caballero tendrá que transitar para conocer los aspectos negativos del falso yo y las nobles cualidades del Yo verdadero que moran en su interior.

Existe cierta semejanza entre el símil de los castillos o moradas y las siete pruebas por las que pasa el Caballero (tres de ellas son castillos; aunque originariamente el autor nombraba cuatro pero al final unió el castillo de la Voluntad y el de la Osadía).

Las siete pruebas representan siete estados del yo experimentador (o del alma). Son estados que van desde un yo velado, constreñido y oscuro, hasta un yo desvelado expandido e iluminado.

Los castillos se representan como pruebas a lo largo del Sendero de la Verdad. No obstante, si los interpretamos como diferentes círculos concéntricos con cercos y muros alrededor nos puede servir como símil para comprender mejor los niveles de las siete pruebas. El castillo del exterior —el más alejado del centro de la Fuente—, simboliza al yo experimentador en su estado de máxima falsedad y a una armadura endurecida. En ese estado el Caballero no es consciente de ella, no tiene discernimiento y es un loco; hasta el séptimo castillo —el más próximo al centro—, que simboliza el Yo verdadero, en donde nuestro héroe es reconocedor del Centro de la Fuente. Cuanto más alejado esté del centro, más se densificará la armadura y, cuanto más cercano, más desvelado estará.

Cuentos patriarcales y cuentos matriarcales. En los libros patriarcales aparecen, principalmente, elementos de logro, de fuerza, de agresión y de enfrentamiento con fuerzas opuestas o seres malignos. Se enfatiza en ellos lo malo del ser humano. Por el contrario, en los libros matriarcales el ser humano es bueno por naturaleza.

En los patriarcales puede potencialmente suceder la muerte del héroe en su batalla contra la enfermedad del ego y las Fuerzas del Mal, que en el libro del Caballero aparecen simbolizadas por el dragón.

Los cuentos de héroes y de hadas. Son un puente entre el inconsciente y el consciente. Son expresiones del inconsciente colectivo que describen en un lenguaje simbólico, expresiones, sentimientos, posibilidades y tareas comunes a todos los humanos. Estimulan el autoconocimiento al hacer que nos veamos reflejados en algunos de los aspectos que contienen.

Su comprensión no se hace por medio de la capacidad intelectual, que corresponde al hemisferio izquierdo del cerebro, sino por medio de la capacidad intuitiva, en lo simbólico y en lo creativo, que corresponde al hemisferio derecho, más acorde con la mentalidad del niño que está mucho más próximo del inconsciente que el adulto.

Los cuentos de hadas tienen un fondo arquetípico y universal. Es el fundamento arquetípico del yo individual. Simbolizan los procesos psíquicos del inconsciente colectivo.

Los arquetipos son las dimensiones estructurantes del psiquismo humano, cuyo conjunto forma el inconsciente colectivo.

Estas estructuras se manifiestan en las imágenes arquetípicas (o imágenes primordiales). Son los símbolos comunes a toda la Humanidad, símbolos que se encuentran tanto en la base de las religiones o los mitos como en la de los cuentos de hadas. Son el fundamento de la mayoría de las actitudes humanas frente a la vida.

Los cuentos, mitos y sueños tienen un lenguaje simbólico común y están relacionados con elementos arquetípicos del ser humano.

Existe una similitud entre los cuentos de hadas y los mitos: ambos ofrecen una representación de los procesos instintivos.

Los cuentos de héroes y los mitos tienen en común los problemas que evocan: viajes de transformación, dificultades con la familia, conflictos personales, batallas con el ego o con animales míticos como el dragón, confrontación con las Fuerzas del Mal, superación de las pruebas y aceptación del sufrimiento y del esfuerzo. El héroe rescata a la princesa en poder del dragón. Siempre hay un final feliz. El bien siempre vence al mal, lo bueno siempre consuela y alivia.

No obstante, en un plano más acorde con la esencia del hombre en su relación con la Esencia Divina, el arquetipo significa fuente, origen, la esencia primera e inmutable. Es la posibilidad de un ser o de una cosa. El arquetipo descubre la esencia del hombre como la realidad y claridad del ser dentro de todas sus posibilidades que deben mostrarse y actualizarse.

Los arquetipos sólo se pueden conocer con la intuición, bien a partir de sus símbolos o bien por la identificación con la Esencia Divina. Desvelan la imagen de la sabiduría, que da más relevancia a la solidez y a la fenomenología que a los sistemas de interpretación cerrados.

Los arquetipos no son un conjunto subjetivo y misterioso de representaciones simbólicas, que existen en un plano meramente mental y que re-velan conflictos y crisis aparentemente incomprensibles para el sujeto. En consecuencia, su naturaleza no es psicológica sino intuitiva.

EL HÉROE Y EL NIÑO DIVINO. Existe una polaridad entre el niño divino y el héroe niño. Mientras que hay un poder de lucha del héroe mítico que pasa por una historia de transformación interior, el niño divino está en su perfección original. La aventura que emprende el héroe es la historia de su transformación en un ser pleno en contacto con su corazón. Sus actos van dando fe de ese cambio.

Las cualidades del niño divino son las que emergen en el héroe, tras un acto heroico de transformación. En las leyendas del héroe, no solamente encontramos esta actitud de búsqueda sino que, después de superar diversas pruebas, encuentra la clave de su éxito.

La clave del héroe es un secreto que, tras ser desvelado, se convertirá en un conocimiento útil.

La sabiduría llega al Caballero a través de un conocimiento adquirido, fundamentalmente, tras pasar por una serie de pruebas con la ayuda de un sabio, que en el libro que nos ocupa es Merlín, y la ayuda de su esposa Julieta, la del rey y los animales. Descubre claves como que las lágrimas de auténtico sentimiento le liberarán de su armadura y, conociéndose, se amará. También recibe una llave de oro que le entrega el mago Merlín con la cual abrirá las puertas de los castillos. Conocerá el Sendero de la Verdad por donde siempre tendrá que transitar. Pasará una pruebas que tendrá que resolver, tales como descubrir el secreto de cada castillo, las inscripciones en las piedras, etc.

En el niño divino, la sabiduría es innata y natural. Su manera de mostrarse en el mundo es sencilla, espontánea, natural, mientras que el Caballero tiene que lograr ese estado después de haber pasado por diversas pruebas de superación. El niño divino siempre se ha guiado por su propia voz interior, mientras que el héroe tarda un tiempo en reconocer esa voz. En el caso del Caballero la voz de su Yo verdadero aparece hacia la mitad del viaje, en la cuarta prueba.

La naturaleza del niño divino es, simplemente, la naturaleza vista desde su divinidad. Tiene una percepción innata, mientras que en el héroe el lenguaje es de transcendencia más que de inmanencia.

EL CABALLERO-HÉROE. Como en todos los cuentos de héroes, el autor nos sitúa en un lugar impreciso y lejano en el tiempo. A la figura del héroe le da el sobrenombre de «el Caballero».

La heroicidad del Caballero no consistirá en conquistar algo exterior a su ser sino en conquistar a su propio yo experimentador.

El Caballero es un guerrero, un héroe que va buscando al niño divino que fue. Veremos más adelante un pasaje en el que Merlín le dice que nacemos hermosos, inocentes y perfectos y que esas cualidades siempre están en nuestro corazón.

En la psicología del héroe el móvil que lleva al Caballero a emprender un viaje inhabitual es el temor a perder a su familia. Esa sensación de desesperación, frustración y cansancio es lo que le impulsa a ponerse en vías de obtener un cambio. Ésa es la causa por la que abandonará una vida conocida para entrar en otra de aspecto extraordinario y desconocido.

Tendrá que mostrar las cualidades heroicas y el poder de lucha como héroe mítico. Se enfrentará con las fuerzas opuestas o animales malignos, y con la potencial muerte en la batalla contra las Fuerzas del Mal (simbolizadas en el dragón).

Nuestro héroe tendrá que enfrentarse y vencer al dragón que custodia las cualidades de la voluntad y de la osadía y salir airoso de todas las pruebas que habrá de superar durante el viaje.

El libro nos lleva a un entendimiento simple y profundo de cómo el héroe ha incorporado y reconciliado en su interior a la Bestia (el ego). Es un viaje de «hacer», a través de siete pruebas, mientras que en el niño divino su estar en el mundo es «ser» por estar conectado con la naturaleza inmanente.

Por otro lado, el Caballero está atrapado en la identificación de un rol machista dominante y endurecido y tendrá que recuperar y renovar el lado femenino, el ánima, que en términos junguianos engloba todas las tendencias psicológicas femeninas en la psique del hombre, tales como los diferentes estados de humor, la captación de lo irracional, la capacidad para el amor personal, la sensibilidad ante la naturaleza y su relación con el inconsciente.

LOS SÍMBOLOS DE TRANSFORMACIÓN representan una variedad de imágenes arquetípicas esenciales y encarnan la lucha del ser humano para encontrarse con lo esencial, el Sí mismo. El símbolo actúa como transformador de la energía.

Los símbolos derivan de los contenidos inconscientes de la psique y provocan una profunda emoción en ella, hablándole de su naturaleza originaria. Algunos símbolos que aparecen en el libro son los castillos, los cuales representan virtudes que el Caballero no podrá rescatar sin antes transformar las cualidades negativas (la cháchara mental del Castillo del Silencio, la cobardía del Castillo de la Voluntad y la Osadía). El dragón, simboliza el falso yo, que el Caballero transformará en Yo verdadero llenándose de coraje y poniendo en práctica el conocimiento que tiene de sí mismo. El mago Merlín es la imagen arquetípica del maestro interior. Julieta simboliza el ánima, que el Caballero tendrá que rescatar. El árbol del manzano entrega su fruto y recuerda al Caballero que también él ha de llegar a ser lo que potencialmente es. La copa significa una regeneración vital y evoca el saboreo de la vida. La montaña es un símbolo del esfuerzo doloroso, pero necesario, para superarse a sí mismo en la ascensión de lo desconocido, etc.

LA INTERPRETACIÓN DE LOS SÍMBOLOS DE TRANSFORMACIÓN puede convertirse en una fuente de riqueza para el lector ya que le abre nuevos espacios de comprensión.

Todo símbolo de transformación puede tener un gran abanico de interpretaciones simbólicas. He dado aquellas que he considerado más acertadas dentro del contexto de los hechos narrados en el libro.

En general, un mismo símbolo puede evocar imágenes y significados similares en casi todas las personas; sin embargo, el contenido inconsciente individual y el inconsciente colectivo de la psiquis no es el mismo en todos los seres porque depende del bagaje cultural, la historia biográfica y el momento en que se vivencia. Ejemplo de ello es el símbolo del dragón, que en China representa al Dragón Celestial o Alado y al que se le atribuyen las virtudes celestiales, el poder benéfico, el conocimiento y lo suscitativo; también representa el cambio y, por lo tanto, la vida misma; mientras que la imagen que el dragón evoca en Occidente tiene que ver con las Fuerzas del Mal, lo satanizado. Ahí tenemos la imagen de San Jorge matando al dragón, que ha inspirado a tantos pintores.

El Caballero había matado muchos dragones antes de emprender el viaje de búsqueda de su mismidad, había rescatado princesas, que simbolizan el ánima, pero nunca había ido al rescate de su propia ánima ni de otras cualidades positivas de la confrontación, sino que más bien al contrario, se había pasado la vida colocándose más capas de armadura.

Pero en la sexta prueba por la que tiene que pasar, se enfrentará a un dragón diferente a todos los anteriores. Es el Dragón del Miedo y la Duda y encarna a las Fuerzas del Mal, simbolizadas en el falso yo; al someterlo rescatará las nobles cualidades de la voluntad y la osadía que tiene custodiadas el dragón y que son propias del Yo verdadero.

SÍMBOLOS DE REDENCIÓN EN LOS CUENTOS DE HÉROES. El problema de la maldición y su redención tiene mucha similitud con el proceso psicoterapéutico.

La neurosis es una forma fantasiosa de la vida en la que la persona ha encubierto la realidad de su existencia, lo cual ha inducido un estado de descentramiento que actúa de un modo discordante y destructivo tanto contra la propia persona como contra los demás.

La neurosis puede también contemplarse como una transgresión de los límites que marcan la frontera de lo natural y permitido. La persona que rebasa sus límites se queda desprotegida y pierde el estado original de salud, dando lugar a la aparición de la enfermedad y el sufrimiento.

En algunos aspectos ese estado puede compararse a un ser humano poseído por un hechizo. Es lo oscuro, la sombra, el lado inferior de la persona.

EL CABALLERO SE REDIME transformando su dragón interior en el Yo verdadero.

El Caballero ha transgredido los límites y ha caído en la maldición de no poder amar; el hechizo le ha convertido en un animal acorazado y frío.

El maleficio de la enfermedad aparece en la figura del dragón, reflejo del falso yo. Este yo entrega su vida a una causa que, independientemente de su valor ético, le aleja aún más de su condición de humano y le hace vivir errante y perdido en campañas que no le aportan ningún beneficio real, sino que, al contrario, endurecen aún más su armadura y le apartan de su hogar y de su familia.

Para romper ese hechizo tendrá que enfrentarse y luchar contra su dragón interior, el falso yo. En esa confrontación tomará conciencia de sus conflictos y derramará lágrimas de auténtico sentimiento, que son las que le purificarán del embrujo. Libre de él, el falso yo quedará transmutado en el Yo verdadero que renacerá luminoso.

El conjuro que abrirá la roca-armadura, su particular «¡ábrete sésamo¡», serán las siguientes palabras mágicas: «he de poner en práctica el conocimiento que tengo de mí mismo». Esa aplicación práctica llevada a la vida cotidiana es la que romperá el maleficio dando acceso a lo desconocido. Es la llave que descorrerá la roca-armadura, apareciendo tesoros en el interior de la cueva del inconsciente y de su corazón. La joya que brilla con luz propia sobre las demás es el diamante del Ser.

EL PROCESO DE DESVELAMIENTO consiste en descubrir la existencia y desvelar el Ser interior.

La palabra griega *alétheia* significa «desvelar» y «verdad». Es un término compuesto del prefijo privativo *a* y de una derivación del verbo *lanthanein*, que significa «velar» en el sentido de encubrir, por lo que *alétheia* equivale etimológicamente a «desvelar» en el sentido de descubrir. El Caballero tendrá que abrirse a lo desconocido para encontrarse con la verdad.

Los velos son capas que encubren la realidad del Ser individual (Yo verdadero). Esos velos son de luz y de tinieblas. La cara de luz es la que mira hacia el Yo verdadero y la Fuente y la de oscuridad mira al falso yo.

La luz representa a las Fuerzas del Bien. Los ángeles son los seres de luz, mientras que las Fuerzas del Mal están representadas por Satanás. Los ángeles son los que descubren y los demonios los que encubren. Los ángeles son las fuerzas constructivas que hacen la Creación y Satanás encarna las fuerzas destructivas. El que incita al bien es el ángel que llevamos dentro y el que incita al mal y nos aleja del bien es el demonio interior. La enfermedad puede considerarse como un mal que se apodera de la salud.

Entre el Bien y el Mal fluye energía que no debe estancarse en ninguno de los dos polos. Entre ellos hay una relación viva que es el modo en que se movilizan las fuerzas internas que nos llevan del estado de expansión al estado de constricción y viceversa. En ese flujo hay una regeneración, una renovación y un conocimiento.

La armadura del Caballero está compuesta de muchas capas de velos (pueden ser siete o siete mil; su número es una forma metafórica de expresar las barreras) y simboliza al falso yo, que está compuesto de una constelación de conflictos y de pasiones. Los velos simbolizan la enfermedad que le apartan de la realidad y le alejan del Yo verdadero y de la Fuente.

Mediante el Proceso de Desvelamiento, el Caballero tendrá que descorrer los velos que cubren la realidad de sí mismo y, desocultándose de su armadura, se reunirá con su Ser.

Este Proceso actúa como catalizador para que comprenda y aparte lo destructivo que hay dentro de él y logre un conocimiento verdadero y útil. Por otro lado, no es la «curación» de la neurosis lo que busca, sino el acceso a lo transcendente, a los estados espirituales y numinosos de la existencia.

A través de las siete pruebas por las que pasa explora su historia personal: su personalidad, su relación con la familia, su profesión de caballero y cruzado, la cháchara mental que le acompaña, la importancia personal, la identidad y la cobardía, para entrar en lo espiritual y rescatar el tesoro escondido dentro de él, el Ser, que representa todas las cualidades nobles que en él habitan.

EL PROCESO DE DESVELAMIENTO SERÁ UN VIAJE DE ESPINAS Y DE ROSAS, DE SUFRIMIENTO Y DE ALIVIO. La rosa está considerada la madre de las esencias y la reina del Jardín.

El largo y austero tallo lleno de espinas simboliza el sendero hacia la Fuente. Las espinas representan el sufrimiento que se produce en los momentos de concienciación de los conflictos psicoemocionales. La belleza y dulzura de la rosa al final del tallo simboliza el estado de deleite que se alcanza cuando se llega a estar en presencia de la Fuente, el alivio que se siente al descargar el pesado lastre de los conflictos, el conocimiento que se adquiere después de pasar la prueba y el hallazgo del tesoro escondido: la esencia luminosa que habita en el corazón, el Ser.

El Caballero había tenido conflictos entre el ser y el actuar, entre el pensar y el querer, entre el deseo y la realidad. Había consumido gran parte de su energía en llevar a la acción su ideal de caballero. Es al final del primer capítulo cuando empieza a abrirse a los sentimientos y a los sentidos y, poco a poco, va aprendiendo a escuchar al corazón hasta que, al final de la aventura, llega a un estado de máxima expansión espiritual.

Este viaje de autotransformación será doloroso en ciertos momentos, pues no siempre se encontrará dispuesto al cambio y a desprenderse de las máscaras (armaduras) que ha ido poniendo a lo largo de su vida para defenderse de lo que creía ser.

Estas máscaras contienen dolor, porque era precisamente el dolor lo que no podía soportar y tenía que ocultarlo poniendo más y más capas a su armadura para, de ese modo, insensibilizarse al dolor. Había encapsulado somáticamente sus conflictos formando una armadura que llegó a convertirse en un aprieto. Había llevado un sistema de vida enfermizo, negándose la manifestación del dolor por temor a convertirlo en sufrimiento y nunca había puesto los medios oportunos para hacer frente a la enfermedad.

La diferencia entre dolor y sufrimiento estriba en que el dolor es una vivencia psicosomática que, al sobrepasar cierto nivel, aparece en el primer plano de nuestra atención. El sufrimiento es la forma particular en que cada persona vivencia o interpreta el dolor. El Caballero se había pasado toda su vida evitando el dolor, haciéndose la víctima o echando la culpa de sus conflictos a los demás.

Pero ante el dilema que le plantea Julieta al decirle que, si no se quita la armadura, se irá de su vida, por primera vez toma conciencia de los problemas que conlleva esa armadura y se hace consciente del dolor a través de los mensajes de su cuerpo, de sí mismo, de sus deseos, sus necesidades y sus relaciones. Al hacerse consciente del problema podrá dialogar con él, logrará comprender en qué consiste y conseguirá también eliminarlo.

Hasta el momento en que toma conciencia de su armadura había estado elaborando el sufrimiento de un modo destructivo. Esa forma errónea de manejar el sufrimiento había sido una barrera para no dar una respuesta sana al dolor. Había elegido el sufrimiento destructivo a través de la autocompasión, el victimismo, la culpa hacia los demás, el masoquismo de soportar la armadura a todas horas. Esa forma destructiva de enfrentarse al sufrimiento le había aportado ciertos beneficios, aunque no se hubiese percatado de ello. Le había servido para esconder el dolor que debería haber sentido por la vida de inautenticidad que llevaba y para seguir escudándose tras la acción pseudo-humanista de caballero y cruzado, que era como entendía ese papel. Su armadura le había proporcionado beneficios tales como recibir atenciones de su familia, especialmente de Julieta, sentirse admirado por los demás gracias al brillo de su armadura, alcanzar prestigio como primer caballero del reino, etc.

Mediante el Proceso de Desvelamiento, el Caballero irá convirtiendo el dolor en un modo de sufrimiento sano, que le permitirá recobrar la salud. A ese tipo de sufrimiento se le llama fértil o productivo, porque convertir el dolor en sufrimiento puede resultarle constructivo al encontrarle un sentido y, en lugar de identificarse con él, liberarse para disminuirlo o evitarlo. Porque, en cierto modo, somos libres para elegir sufrir o amar.

Al levantar las corazas, el conflicto se reavivará y sentirá el dolor original, al igual que se siente dolor al abrir una herida enquistada. Si soporta la intensidad del dolor durante el tiempo que precisa para curarse, la herida sanará definitivamente.

El beneficio que obtendrá el Caballero al elaborar e integrar el dolor será la posibilidad de amar y dejarse amar.

LA FIGURA DEL GUÍA O MAESTRO está representada en el mago Merlín, que es el arquetipo del anciano sabio. El que es maestro, sabe ser. Tenemos que saber diferenciar los guías auténticos de los falsos.

En cierta medida, la figura arquetípica del viejo sabio podría estar representada por el psicólogo, el terapeuta, el chamán, o cualquier persona que profundice sobre sí misma y los demás, siempre que haya adquirido suficientes conocimientos y sabiduría, y recorra un camino de perfección para alcanzar la capacidad real de ayudar a los demás.

El guía ha conseguido dominar aquellos aspectos de su carácter que distorsionaban el Yo verdadero, alcanzando completamente la paz. Ha aniquilado por completo su yo experimentador y lo ha transmutado en clara luz luminosa dándole un comportamiento correcto.

Es un hombre que come y duerme como los demás. No es una persona que haya que adorar, ni tampoco es una figura poderosa y autoritaria. Deja plena libertad al buscador para que actúe por sí mismo bajo su responsabilidad.

No es esclavo de sí mismo ni de los demás y no le importan las críticas ni los elogios. Pone en práctica el conocimiento que tiene de sí mismo y sus actos van dando fe de él.

El mago Merlín simboliza el maestro que ha vencido el apego por este mundo, conoce el arte del despertar de la conciencia y, en su papel de sabio, actúa como mediador entre el héroe convaleciente y el reino de la Naturaleza.

Necesitamos de un guía para conocer el mundo en sus múltiples dimensiones, ya que la única intención del maestro es hacer que el buscador desarrolle sus propias capacidades. Reconocemos al guía cuando aparece en nuestra vida. El impacto del encuentro se produce en lo intuitivo, más que en lo racional.

El maestro nos hace de modelo-espejo, ayudándonos a comprender nuestro carácter. Nos acompaña en cada paso por el laberinto de la conciencia. Es una lámpara que alumbra el presente despejando las sombras de los conflictos. El guía es, en sí mismo, un recuerdo de la Fuente. Pero además, el encuentro periódico con él permite estar en contacto con nosotros mismos. Es también un sendero, porque su manera de estar en el mundo es un ejemplo útil para el buscador. No es un espejo común pues tiene un alto nivel de nitidez y definición. Esto significa que el buscador se ve a sí mismo cuando está frente al maestro, percatándose de todo lo que es, tanto de sus rasgos negativos como de los positivos. El maestro ha recorrido el camino y es capaz de guiar a los demás. Es un puente entre el corazón del buscador y la Fuente y conoce muy bien los infiernos, porque él mismo ha bajado hasta el fondo de su propia locura y ha permanecido allí el tiempo suficiente para curarse. Y es precisamente esta experiencia la que le permite ayudar a los demás, conducirles, protegerles y facilitarles la bajada a los infiernos y la ascensión a los cielos, una vez que se hayan desprendido de todo el material combustible de los conflictos.

El espíritu de transmisión del guía al buscador va mucho más allá de las enseñanzas, los consejos y las prácticas. Ese espíritu contiene la esencia del conocimiento. Esa transmisión se produce a veces con tan sólo sentarse cerca del guía, va de corazón a corazón y está más allá de la doctrina y de la simple erudición.

Posteriormente, el buscador tiene que poner en acción las enseñanzas que el guía le ha transmitido. Ésta es la clave para obtener éxito en el camino. De ese modo, el buscador logrará un nivel espiritual mayor en su vida cotidiana.

LAS NOBLES CUALIDADES DEL BUSCADOR son el conjunto de virtudes necesarias para poder recorrer el camino.

El buscador de la Verdad es aquel que siente en lo más profundo de sí un impulso o anhelo de búsqueda, que le pone en el camino del despertar a la realidad y le saca del sueño de su existencia y de sus fantasías negativas. Como buscador seguirá un Sendero de la Verdad que le permitirá encontrarse consigo mismo y reconocer la Fuente.

El correcto amor y el respeto del discípulo por el maestro es importante, si bien no se trata de un culto a la personalidad. El Proceso de Desvelamiento es doloroso, pero es un sufrimiento constructivo, ya que el buscador de lo interno tendrá que abandonar todo sufrimiento gratuito.

El buscador debe proveerse durante el viaje por el camino del desvelamiento de diversas cualidades positivas, como son: la paciencia, el coraje, la perseverancia, la generosidad, la compasión y la humildad. Asimismo, es necesario el anhelo interior de la búsqueda de lo sagrado, y una actitud de colaboración y de aceptación incondicional de la figura del maestro y de sus enseñanzas. Finalmente, el compromiso con la tarea y la puesta en práctica de lo aprendido.

El Caballero tendrá que rescatar lo instintivo-natural dentro de sí. El instinto se define como la regulación innata de la conducta de una especie. Es la manifestación de los impulsos vitales en la vida humana.

Tenemos que distinguir entre el instinto, tal como se manifiesta en la conducta animal, y lo que podríamos llamar el instinto de la vida humana. Este último es el impulso de conservación, el sexual y el de relación que juegan un papel muy importante en el comportamiento humano.

La pérdida del impulso vital de los instintos se da porque el carácter va contra la naturaleza del organismo en el que la pasión interfiere sobre el instinto a causa de una percepción cognitiva distorsionada. Los impulsos pasionales contaminan, reprimen y sustituyen el instinto.

La pasión hace referencia a emociones inferiores como son la ira, el orgullo, la vanidad, la envidia, la avaricia, el miedo, etc.

• Dominar los impulsos es una condición previa y necesaria para la maduración y la capacidad de obtener cultura y crearla; es una condición existencial del ser humano.

La vida no está guiada por el instinto, sino por la consolidación de una temprana estrategia adaptativa que compite con el instinto e interfiere en la sabiduría del organismo.

Este aprendizaje ha sido impuesto en el organismo por coacción dando una respuesta rígida o fija a una situación inicial. Al resultado de dicho aprendizaje se le llama ego, *personalidad* y *carácter* y hace referencia a lo que es constante en una persona, a los condicionamientos cognitivos, emocionales y de comportamiento.

La culturización es necesaria, pero reduce o elimina el impulso vital existencial de la persona. Con la neurosis el espíritu sano y salvaje del instinto se aleja de su propia naturaleza.

El Caballero había perdido el impulso vital por su carácter supercivilizado y perfeccionista que interfería en su instinto. Mantenía una orientación antiinstintiva, como queda patente en el momento en que se halla en el bosque. Allí está perdido y no puede sobrevivir sin ayuda, porque no sabe orientarse; es incapaz de buscar alimentos o agua. Tiene los sentidos bloqueados porque ha primado en él el centro intelectual sobre el instintual, el sexual y el del corazón.

Puesto que la neurosis ha perturbado la autorregulación del organismo en el Caballero, su cura estará en la liberación de lo instintivo-natural que hay dentro de él.

Por otro lado, tendrá que transformar a través de la confrontación con el Mal los bajos instintos animales, que son los que causan temor e interfieren considerablemente en él.

LOS ANIMALES SON SÍMBOLOS UNIVERSALES. Tienen gran importancia en el plano de lo simbólico porque representan el mundo pulsional de los instintos y su jerarquía, así como la psique no humana, lo infrahumano y el lado psíquico del inconsciente.

El héroe suele obtener ayuda de aquellos que aparentemente son más débiles, inferiores, poco valorados e insignificantes.

El Caballero recibe ayuda, básicamente, de una ardilla y una paloma que le acompañan durante casi todo el viaje y que serán un recuerdo de la pulsión instintiva en el Caballero. Representan la pareja primordial tierra-cielo y la integración con ellos representa una integración con el inconsciente. Serán un recuerdo del asentamiento entre la tierra y el cielo y también lo que tendrá que rescatar, lo femenino.

En los cuentos es frecuente que los animales vayan por delante de las personas explorando el camino. Es el impulso instintual lo primero que se dispara en el hombre. También podríamos decir que, en el desarrollo filogenético de la especie humana, lo instintual es lo más primario, y corresponde al cerebro reptiliano, que se relaciona con el instinto de supervivencia y las emociones. En el cuerpo, el centro instintual está localizado en el bajo vientre.

Muchos buscadores han tenido animales de compañía. En la segunda prueba por la que pasa el Caballero, Merlín le ofrece la compañía de estos animales, para que le ayuden durante el viaje.

El niño está más cerca del inconsciente que el adulto. Lo más parecido al niño es el animal. En el eterno retorno de sí mismo, el Caballero se va haciendo cada vez más niño. En un tiempo fue espíritu, se convirtió más tarde en niño; después, en camello al soportar la armadura, y luego se convirtió en león al sacar su agresividad positiva y arrojar de sí la armadura, para convertirse de nuevo en niño. Recuperando el niño interior que lleva dentro, retomará la sabiduría original, la espontaneidad, la pureza y la comprensión del lenguaje de los animales.

LOS NIVELES O GRADOS DEL YO EXPERIMENTADOR

EL YO EXPERIMENTADOR es el primer nivel de experiencia del ser humano, es la conciencia de sí mismo. La vida se experimenta a través de él. Es la realidad sutil del individuo. La totalidad del Universo de la existencia está contenida en él. También se le llama «ego», «yo», «alma», «psique» o «falso yo» en su nivel inferior y, al transcenderlo se le puede llamar «Espíritu», «Sí mismo», «Self, Ser», «Yo absoluto», «Yo esencia», «Ser esencial», «Yo verdadero», etc. El yo experimentador tendrá que transformarse de dominante en apaciguado, convirtiendo sus aspectos o cualidades negativas en otras positivas, sometiéndose al corazón y de ahí al espíritu. El término de «espíritu» se aplica a lo que proporciona al corazón conocimiento de lo Invisible o No-visto. El órgano de experiencia es el corazón.

El yo experimentador se compone de la unión cuerpo-mente. La mente es el receptáculo de la memoria. Lo psicológico es lo que ha creado el yo y está relacionado con la emoción y el sentimiento. Pero existe una tercera parte más sutil que el cuerpo y la mente: el intelecto, que tiene la capacidad del discernimiento y la reflexión. Básicamente, la mente es el asiento de las emociones y el intelecto es el asiento de la conciencia humana.

La conciencia y el discernimiento son nuestras auténticas características humanas, las que nos impulsan a la experiencia de la esencia, el espíritu, donde nada es caótico y está más allá del tiempo-espacio. No forman la armadura, sino que la quitan.

Cada acción que lleva a cabo el individuo es para satisfacer su yo. La naturaleza del yo es perpetuarse, repitiendo las cosas que le gustan y huyendo de aquellas que le disgustan. El yo experimentador está en constante flujo de cambio.

La Fuente había inspirado al Caballero con la conciencia de lo que era bueno y lo que era malo en él, pero, al ocultar su Yo verdadero con la coraza, había perdido el discernimiento.

Podríamos considerar al yo experimentador en grados, etapas o niveles. En el libro aparece la polaridad falso yo-Yo verdadero. El Caballero había estado en el polo de la falsedad, simbolizado en la armadura.

En la mitad del primer capítulo empieza a tomar conciencia de su armadura, de su falso yo, y, por lo tanto, tiende a aproximarse a su Yo verdadero. Es en el cuarto capítulo cuando la voz del Yo verdadero emerge con toda la fuerza de su interior. Será al final del último capítulo, la «Cima de la Verdad», donde transmute la totalidad del falso yo en el Yo verdadero y se una a la Fuente.

La armadura del yo experimentador será el velo más difícil de traspasar para llegar al conocimiento de sí mismo y de la Fuente. La Verdad no podrá alcanzarla sino después de la muerte del falso yo, en la última prueba, al desaferrarse de las rocas que simbolizan los apegos a los que se agarraba.

En última instancia, la armadura del yo experimentador es una protección, hasta cierto modo necesaria, porque sin ella nos quemaríamos con el poder del Amor de la Fuente. Si nos quedásemos sin capacidad para experimentar con los sentidos, no tendríamos vivencia de la existencia porque es a través de los sentidos que podemos percibir y sentir la vida.

Sin el yo experimentador estaríamos desvelados pero no seríamos conscientes de ello, pues son los sentidos los que nos facultan la capacidad de vivir el mundo de las densidades existenciales. Cuanto más alejado se está del centro de la Fuente, más se densifica la experiencia y, cuanto más cercano, más levedad y más luminiscencia se siente de la Luz de la Fuente.

La aventura que emprende el Caballero es el viaje hacia la ciencia del conocimiento de su yo experimentador para ver cómo se manifiesta en su naturaleza, polaridad y niveles, ya que conociéndolo no será dominado por él y, por consiguiente, será realmente libre.

Esto podría explicarse con el siguiente símil: el falso yo sería el caballo, el Yo verdadero sería el cochero y el cuerpo sería el carro. El Caballero tendrá que amaestrar al indómito caballo, dominarlo, someterlo y ponerlo al servicio de una acción constructiva.

El yo experimentador es indestructible, por ser el alma del ser humano en las primeras etapas de perfección. Cuando decimos que el yo experimentador ha sido aniquilado, queremos expresar que se ha desapegado de las cualidades negativas mediante el proceso de transformación en cualidades humanas no destructivas. El Caballero no mata al dragón físicamente, sino que lo somete convirtiéndolo en una rana, lo que equivale a matarlo en lo simbólico. De esta forma, había encontrado el verdadero camino de caballero: vencer sin matar. En ese acto de ponerlo bajo sus pies rescata las nobles cualidades de voluntad y de osadía que el dragón custodiaba en el castillo.

EL FALSO YO es el yo dominante que tendrá que transformarse en un Yo verdadero, purificado e iluminado.

El Caballero está prisionero del falso yo y, mientras se mantenga en él, no podrá conocerse, pues está velado por su propia existencia. Se manifiesta en él por tener los sentidos y los sentimientos bloqueados, lleno de estrés, con un corazón frío, temor a la soledad y a dejarse llevar por la pasión, gusto por una apariencia deslumbrante, egocentrismo, orgullo de sus propias acciones, ira reprimida; está prisionero de él y le resulta imposible diferenciar el falso yo del Yo verdadero. La excesiva exigencia de sí mismo le lleva hacia la destrucción.

EL YO VERDADERO es el yo experimentador que se ha purificado y se ha convertido en luminoso.

«En términos junguianos es el Sí mismo o Self. Aparece en el Proceso de Individuación de crecimiento interior, es la evolución hacia una totalidad interior única y tiene como meta la paulatina transformación de partes del inconsciente en consciente. Considerado como un arquetipo, trasciende al ser humano en lo consciente y personal. Es el aspecto de la personalidad que queda fuera del yo. El yo es únicamente una parte de la totalidad, es la parte consciente de la psique. Una gran parte de la psique no es idéntica a la persona. Jung define la actividad autorreguladora de la totalidad como el arquetipo del Sí mismo. La identificación con el Sí mismo, dice Jung, es catastrófica. Es importante saber separar los conceptos del Sí mismo y del yo». (María–Louise von Franz, «Símbolos de redención en los cuentos de hadas»)

El Caballero experimenta el estado del Yo verdadero como una fuerza que surge de lo más profundo de él, dándole un sentimiento de armonía interior, de plenitud y de unión con la fuerza transcendente proveniente de la Fuente.

El Caballero lo vivencia como un estado de expansión de su corazón que le permite darse cuenta de sus conflictos y contemplar la vida con claridad, sin juzgar, sin culpar ni excusarse. Es capaz de contemplar todo con una claridad sorprendente; traspasa la noción de tiempo, habla con los animales, discierne entre los dos «yo» porque el más bajo ha desaparecido y ahora domina el Yo verdadero. Sabe con certeza quién es, no tiene maldad, hace el bien y se une al Universo, siendo él mismo las cosas creadas.

El Caballero saborea este estado con lágrimas de auténtico sentimiento, llora de alegría, disfruta, siente el calor en su corazón y satisfacción, tiene confianza en sí mismo, está tranquilo, alegre y radiante.

Tiene una desconocida sensación de calma y una sobrecogedora sensación de bienestar. Se siente rebosante de amor por sí mismo y por los demás, tiene lágrimas de gratitud; ha alcanzado la libertad, es conciencia luminosa y se siente iluminado por una nueva y radiante luz: ha recibido la luz del corazón y ha regresado a la Fuente.

Análisis del carácter del Caballero

EL CONCEPTO DE ARMADURA es sinónimo de defensa, coraza caracterológica, bloqueo, velos, etc. Es una forma metafórica de expresar las barreras que ponemos entre el ego y nuestra realidad interior. En última instancia, los velos cubren la realidad del Ser, separándonos de la luz de la Fuente.

La armadura representa las corazas muscular, emocional, psicológica, energética y del corazón.

Lowen, en su obra *Bioenergética*, dice acerca del concepto de «armadura»: «Entendemos en este caso por estructura el conjunto de tensiones musculares crónicas del cuerpo. Suele denominarse armadura porque sirve para proteger al individuo de las experiencias emotivas dolorosas y amenazantes. Lo defiende de los impulsos peligrosos de su propia personalidad y, también, de los ataques de los demás».

En Bioenergética, la armadura está estructurada en siete segmentos o anillos dispuestos a lo largo del cuerpo: ocular, oral, del cuello, torácico, diafragmático, abdominal, pélvico/piernas.

La secuencia de desbloqueo de la armadura en el Caballero es la siguiente: visera, que corresponde al segmento ocular; resto del yelmo, que corresponde al oral y del cuello; faldón (pelvis), piernas y brazos, que corresponde al pélvico/piernas y prolongación del torácico; y, por último, el peto, que corresponde al torácico y diafragmático.

En el caso del Caballero observamos que se había ido poniendo capas de armadura a lo largo de toda su vida en un intento de buscar el placer y huir del dolor. La ansiedad vivida en situaciones conflictivas había dado origen a la armadura como defensa ante el miedo y la soledad, haciéndole ser frío e insensible a los sentimientos. Para alcanzar la autenticidad tendrá que disolver el artificio de la armadura en el Proceso de Desvelamiento.

En el Caballero las tensiones musculares están representadas simbólicamente en el montón de acero que le sirvió para defenderse de las situaciones conflictivas que padeció a lo largo de su vida, cuando era un bebé, en la adolescencia, en la relación con su esposa y su hijo y en aquellas otras y variadas situaciones a las que tuvo que hacer frente cuando actuaba como caballero.

Fue la limitación y la ambición de su mente lo que le hizo quedar atrapado dentro de la armadura. Había llevado durante tanto tiempo una armadura psicosomática que ésta había llegado a hacerse visible y permanente por la acumulación de conflictos psicoemocionales. Había establecido una coraza emocional entre él y sus verdaderos sentimientos; éstos se habían bloqueado y no era capaz de sentir amor. La coraza de tensiones musculares le había hecho perder la sensibilidad de los sentidos.

Logrará librarse de la armadura al tomar conciencia de sus conflictos psicoemocionales y derramar lágrimas de auténtico sentimiento, que son las únicas que pueden disolverla y liberar así los sentimientos y los sentidos. La paciencia y el coraje son las medicinas imprescindibles a las que habrá de recurrir para sanar.

CARÁCTER Y ARMADURA. En el mismo libro, Lowen sigue comentando: «El carácter se define como un patrón fijo de conducta, como la manera especial en que el individuo administra su búsqueda del placer. Está estructurada en el cuerpo en forma de tensiones musculares crónicas y generalmente inconscientes, que bloquean o limitan los impulsos hacia fuera. El carácter es además una actitud psíquica, protegida por un sistema de negaciones, racionalizaciones y proyecciones, y polarizada hacia un ego ideal que afirma su valor. La identidad funcional del carácter psíquico con la estructura corporal o la actitud muscular es la clave para entender la personalidad, porque nos permite leer el carácter a base del cuerpo y explicar una actitud por sus representaciones psíquicas y viceversa».

Claudio Naranjo en *Carácter y Neurosis* comenta sobre el carácter:

«Podemos describir el carácter como un compuesto de rasgos, entendiendo que cada uno de ellos apareció bien como identificación con un rasgo de los padres o bien, por el contrario, por deseo de no ser como los padres en ese aspecto en particular.

»Otros rasgos pueden entenderse como adaptaciones más complejas y contramanipulaciones. Pero el carácter es más que un conjunto de rasgos, es una compleja estructura que podría representarse en forma de árbol en el que los distintos comportamientos son aspectos de comportamientos más generales, e incluso estos diversos rasgos de naturaleza más general pueden comprenderse como expresión de algo más fundamental».

»El núcleo fundamental del carácter, tal como expondré aquí, tiene una doble naturaleza: un aspecto motivacional en interacción con un prejuicio cognitivo o una «pasión» asociada a una «fijación». Podemos dibujar la posición de la pasión y del estilo cognitivo dominantes en la personalidad comparándolos con los dos focos de una elipse y podemos ampliar nuestra primera idea de «carácter frente a natura», considerando el proceso con más detalle como una interferencia de la pasión en el instinto bajo la influencia continua de una percepción cognitiva distorsionadora.»

En el libro tan sólo se nombran dos momentos en la historia temprana del Caballero: el primero, cuando era sólo un bebé y el segundo, en la infancia. No se menciona a los padres, ni a otros familiares o allegados, que nos permitirían tener referencias de sus orígenes, exceptuando su niñera y algunos compañeros. Tan sólo aparecen las personas coetáneas que conviven con él, como son su esposa Julieta, su hijo Cristóbal, el mago Merlín, el rey, el herrero, el bufón, las damiselas que rescataba y la gente que participaba en las batallas y las cruzadas.

Como en todo ser humano, el derecho a la existencia del Caballero se establece en los primeros meses de vida. El sentimiento de rechazo que experimentó siendo bebé debió de traumatizarle considerablemente tal como se desprende de la lectura del libro.

No aparecen datos anteriores a ese momento, pero supongo que alguno debió de darse para que apareciera en él la compulsión de demostrar desde la cuna que era el más bonito de los bebés. La desconfianza, la decepción y el esperar siempre algo de los demás pueden ser la causa de su temor al verdadero amor, pues siente que el amor es una amenaza para su existencia.

Se describe en el libro que no era un niño dado a jugar con sus compañeros sino que se aislaba para leer. Parece que debía sentir temor a expresarse y se retiraba, distanciándose y desapegándose de las relaciones afectivas, creando una defensa contra lo que consideraba hostilidad pues tenía una idea deformada sobre el amor.

Cuando se narran las siete pruebas por las que tiene que pasar el Caballero siempre se menciona la falta de energía de su cuerpo. Está falto de calor vital, llega a una delgadez extrema y se encuentra exhausto. Su contacto con el mundo es pobre en las relaciones personales y le faltan calidez y espontaneidad. Predomina en él la intelectualización en detrimento de la pulsión del instinto (no hay ninguna mención a la sexualidad en todo el libro) y del sentimiento.

Desde pequeño muestra tendencia a la introversión. Se aprecian en él rasgos esquizoides. Tiene la afectividad restringida. Evita las relaciones íntimas, especialmente las familiares. Es frío con los demás y desconfiado, irritable y misántropo. No parece que sea alegre ni feliz, más bien da la impresión de ser serio y arrogante.

El hecho de ser incapaz de sentir y no hallar satisfacciones afectivas en su vida, le provoca fantasías de exaltación y de grandeza que le hacen huir de la realidad y embarcarse en batallas y cruzadas.

Más adelante, su carácter introvertido le impulsa, como reacción contrafóbica del miedo, a ejercer el papel de caballero y cruzado, para salir de la introversión y de la ansiedad que le generaban el miedo. Por haber perdido la sensación del Yo verdadero, sustituye la búsqueda de ese Yo por la vida caballeresca, en la que rinde culto al prestigio, a la fama y al mérito.

Se cree perfecto e intachable, pero en lugar de mejorar las cosas, las empeora, puesto que no es feliz ni puede hacer feliz a su familia y, para colmo, resulta que algunas de las damiselas que rescató no querían ser salvadas.

No tiene un carácter violento sino que más bien se nos presenta con un carácter supercivilizado que interfiere con su instinto; su orientación es anti-instintiva. No es capaz de enfrentarse a la ira inconsciente y la oculta mediante una gentileza y un control excesivos. Encubre el egoísmo mediante una generosidad extrema o mediante otras formas de compensación.

Inhibe la manifestación de su rabia a través del mecanismo de formación reactiva, buscando reconocimiento y admiración en los demás.

La agresividad la ejerce inconscientemente contra sí mismo y, en cuanto a los demás, lo hace de forma racionalizada, manifestando mal humor, decepción, bajando la visera para no escuchar a Julieta, etc.

Está sujeto a creencias, juicios, normas y valores preestablecidos y orientado hacia los ideales de caballero y cruzado, hacia el cumplimiento del deber y hacia el culto al héroe. Se aprecia en él cierto grado de fanatismo.

Pero esa actitud bientintencionada es contraria al deseo que siente en lo profundo. Es muy exigente consigo mismo, excesivamente virtuoso y se escuda en ello. La ira la manifiesta en el campo de batalla contra sus enemigos, que son malvados. Es el cruzado que tiene derecho a matar a quien sea en virtud de una causa justa y de sus nobles aspiraciones, pero no deja de ser una virtud compulsiva e hipócrita. La ira surge de la propia frustración.

Se instala en la queja defensiva, en el miedo a conocerse, en la fatiga y en culpar a los demás. Se aprecia miedo y falta de coraje en él, y al mismo tiempo, cierta obediencia excesiva a la autoridad, concediendo prioridad al deber y no al placer.

Su carácter es orgulloso debido al deseo de ser necesitado, admirado y alabado. Por ello, se muestra tibio tanto en el amor como en el odio, no importándole cuando algunas damiselas no le agradecían ser rescatadas.

Pide excusas con demasiada frecuencia, espera siempre algo de los demás, se siente dolido por cualquier cosa, da las gracias constantemente y menosprecia a los animales creyéndoles muy inferiores a él en lo intelectual.

Se considera eficiente y digno de confianza, es leal y cree que los reyes le tienen en gran estima. Se comporta con los superiores con respeto y halago, pero con los inferiores (animales, bufón y familia) se siente superior, altivo y les menosprecia.

ALGUNOS MECANISMOS DE DEFENSA QUE EMPLEA. El mecanismo de defensa de formación reactiva consiste en hacer algo bueno para sobrecompensar el sentimiento de algo que se ha hecho mal.

Su personalidad puede entenderse como una formación reactiva contra la ira, niega la destructividad mediante una actitud deliveradamente bienhechora de salvador de la Humanidad.

Para reparar el mal comportamiento con su familia y consigo mismo y eliminar la sensación desagradable que siente, utiliza la compensación del amor al prójimo, la búsqueda de la justicia, el honor, hacer el bien, salvar a los oprimidos de sus enemigos y rescatar a damiselas prisioneras de dragones. Mediante esa sobrecompensación por un esfuerzo heroico se da un encubrimiento con su contrario, encubre la no entrega a su familia y a sí mismo con una acción compensatoria bienintencionada de las cruzadas y, de ese modo, distrae la atención de su conciencia. Así transforma en impulsividad obsesiva la ira, que es un modo alternativo a la satisfacción de su necesidad de amor.

Otro mecanismo de defensa es la proyección. Proyecta en los demás sus propios problemas, haciéndoles responsables de los mismos.

Primera prueba:
El dilema del Caballero

El Caballero pensaba que era bueno, generoso y amoroso, pero sus actos y pensamientos no lo demostraban. Quería que se le vieran esas cualidades, pero una virtud que necesita demostrarse no es virtud. En realidad no se estimaba ni tenía confianza en sí mismo, sino que, por el contrario, tenía reacciones de sobrevaloración para compensar sus carencias. Empleaba todas sus fuerzas en demostrar lo que creía que era, alejándose de su naturaleza interior y creándose un mundo irreal.

Luchaba contra sus enemigos, que eran lo contrario a él: malos, mezquinos y odiosos. Cuando en el asunto de la caballería había crisis, rescataba damiselas en apuros, prisioneras de los dragones a los que mataba. Las liberaba sin importarle si ellas querían o no. Algunas le quedaban agradecidas, pero otras se mostraban furiosas, aunque a él no le importaba.

Había cometido el error de identificarse con el papel de caballero y cruzado y empleaba todos sus esfuerzos en mantener su importancia personal –que es la manera en que el ego gasta su energía manejando la realidad para autoafirmarse y convencerse de que es real– tratando de demostrar que era el número uno del reino y el que mejores cualidades poseía.

Liberaba a los demás de sus enemigos, que eran malvados, pero no se enfrentaba con la parte negativa que habitaba en él, su falso yo, simbolizado en el dragón. Pero, si no luchaba por conocerse, tampoco podía rescatar a su Yo verdadero, cautivo de su dragón interior. Tan prisionero estaba su Yo verdadero que el Caballero no tenía conocimiento de su existencia.

Los enemigos, con su aspecto de malos, mezquinos y odiosos, representan la Sombra colectiva, que está constituida por aquellos aspectos o tendencias interiores que no aceptamos y que por eso, reprimimos o proyectamos sobre otros.

El Caballero se había hecho famoso porque su armadura producía unos rayos de luz tan brillantes que la gente la confundía con el sol, creyendo que salía por el norte y se ponía por el este.

La armadura puede simbolizar varias cosas. Se manifiesta en el plano físico, psicológico, emocional, energético y espiritual. Representa todo lo falso de sí mismo. El brillo representa la vanagloria, la fama, el prestigio, la presunción y el orgullo con los que el Caballero hipnotizaba y confundía a la gente. Cuanto más brillo tenía su máscara, más inautenticidad establecía entre él y los demás.

Partía con frecuencia a las batallas y era tal su entusiasmo que, a veces, iba en varias direcciones a la vez, lo que significa hacer muchas cosas y tener la mente ocupada en veinte asuntos al mismo tiempo.

Tanto se enamoró del brillo de su armadura que hasta dormía con ella. El mito de Narciso es enamoramiento y culto a sí mismo, falso altruismo, aislamiento e incomunicación. El Caballero trató de ocultar con el papel de caballero y cruzado el gran vacío existencial que tenía. Era frío, manipulador y trataba de conseguir poder y control sobre los demás. Se ponía la armadura para protegerse de quien creía ser y un buen día se quedó atrapado sin poder salir de ella.

Las personas narcisistas como el Caballero, no pueden aceptar su verdadera personalidad y por eso construyen armaduras permanentes para ocultar la ausencia de emociones y su incapacidad para sentir. No se aman a sí mismas y tampoco aman a los demás.

Se había encerrado en su búnker de egoísmo y falso amor a los demás. Se había colocado la armadura como defensa y protección ante la ansiedad que le generaban sus conflictos y el ideal de caballero andante; de ese modo sobrevivía, pero había llegado a una muerte de los sentimientos y de los sentidos.

Parecía que era feliz pero, en realidad, se había puesto la armadura para amortiguar el dolor que se había instalado en su corazón por no poder amar. Así había sobrevivido ante un mundo fantasioso y frío que él mismo había creado. Las cruzadas le servían de autojustificación para no responsabilizarse de sus problemas.

TENÍA UNA FAMÍLIA COMPUESTA POR UNA ESPOSA, fiel y bastante tolerante, Julieta, que poseía muchas virtudes, entre ellas la de escribir bellos poemas. También tenía un hijo, llamado Cristóbal, de cabellos dorados, al que pensaba convertir en un valiente caballero como él cuando fuera mayor.

Julieta representa para el Caballero el alter ego, la voz de la conciencia y, en cierto modo, el recuerdo del Yo verdadero. También simboliza el ánima, es decir, el lado femenino, la ternura, la sensibilidad y la inteligencia. Es con la ayuda de Julieta que el Caballero vence a la Sombra al ponerle en la terrible tesitura de elegir entre quitarse la armadura o perder a su familia.

El hijo de cabellos dorados sería el recuerdo de lo auténtico que había en él antes de ocultarse detrás de la armadura. El nombre de Cristóbal es la evocación de Cristo y le recuerda al Caballero en lo simbólico su bajada a los infiernos, viviendo su propia pasión, calvario, agonía, muerte y renacimiento. Cristóbal representa el Self. «Sólo atraviesa los infiernos aquel que lleva a Cristo». Los cabellos dorados harían alusión al dios-Sol Apolo, «el brillante» que simboliza un espíritu luminoso que lucha contra las sombras.

El Caballero apenas mantenía relación con ellos, porque dedicaba todo su tiempo a las cruzadas, a rescatar damiselas o a admirar el brillo de su armadura. Julieta y Cristóbal habían soportado con bastante paciencia los inconvenientes de la coraza y hasta se habían olvidado de la figura que tenía sin ella. Alguna vez Cristóbal preguntaba a su madre por el aspecto que tenía su padre, pero sólo podía contemplar un retrato del Caballero que había sobre la chimenea, recordatorio de la imagen original sin armadura. El deseo de ver a su padre en persona no podía cumplirse.

La chimenea simboliza, por un lado, el calor y la ternura que tenía antes de ponerse la armadura y, por otro, el fuego de sus pasiones.

Julieta estaba insatisfecha de la relación que tenía con su marido y de los problemas que le ocasionaba la armadura, como el dormir mal por culpa del ruido que producía, pues él no se la quitaba ni para dormir, lo cual no contribuía a mantener una unión en la familia, y se supone que no cumplía la función conyugal con su esposa.

El Caballero no mantenía una relación afectiva ni de comunicación con su familia porque no les dejaba hablar. El tiempo que estaba en casa lo pasaba admirando su armadura o recitando monólogos sobre sus hazañas. De ese modo incrementaba aún más las capas de la armadura del falso yo y se alejaba de su mujer y de su hijo. No mantenía ningún diálogo con Julieta. Cuando ella le hablaba, empleaba la técnica de bajar la visera o quedarse dormido; de ese modo se defendía de la realidad al cerrar los sentidos de la vista, el oído y el tacto, aislándose cada vez más. Se dice que el hombre está dormido y, cuando muere, despierta. El Caballero despertará al Yo verdadero de su letargo y del sueño de las vanas ilusiones.

La primera vez que Julieta se enfrentó a su marido fue para decir que él amaba más a su armadura que a ella, lo que significa que el único amor del Caballero era su falso yo y no su Yo verdadero. A Julieta le había demostrado su amor rescatándola de las garras del dragón e instalándola en un elegante castillo. Sin embargo, su Yo verdadero estaba aún prisionero de la importancia personal que consumía la mayor parte de su energía. Sólo había amado la idea de rescatarla pero no se había responsabilizado de las consecuencias que ello traía. Instalado en un idealismo, su mente se había alejado de su corazón y, por mucho que insistiera en querer demostrarle amor a Julieta, su cuerpo era incapaz de abrazar con ternura y, en una ocasión, estuvo a punto de romperle las costillas al abrazarla con su fría y rígida armadura. Así es cómo se manifestaba el falso yo en él.

EL CABALLERO TIENE QUE RESOLVER EL DILEMA: QUITARSE LA ARMADURA O PERDER A SU FAMILIA. Julieta es la eterna mujer resignada que, en un momento dado, se enfrenta a la realidad y exige a su marido que se quite la armadura, para ver quién es realmente.

El Caballero no podía desprenderse de ella porque tenía que estar listo para montar en su caballo y salir en cualquier dirección. Como Julieta representa el Yo verdadero, éste también clama desde dentro para que la máscara de apariencia y de fantasía idealista del falso yo no se justifique con engaños. El caballo es el símbolo de los impulsos, de la energía física y de la expansión del yo que el Caballero tendría que dominar.

Julieta le da un ultimátum diciéndole que, si no se quita la armadura, se irá de su vida. El Yo verdadero nos avisa para que le hagamos caso y no le olvidemos. En caso contrario causará enfermedades psicosomáticas, que es un modo de llamar la atención.

El Caballero entra en una profunda reflexión. Sabía que amaba a su esposa, su hijo y sus pertenencias, pero pensaba que el único sentido de su vida era ponerse la armadura, que representa la importancia personal, para demostrar en las batallas que era bueno, generoso y amoroso.

Por primera vez toma conciencia del dilema que le plantea su armadura gracias al aviso de Julieta. Si elige seguir con la armadura, aparecerá el miedo al abandono y a la soledad, pues perderá a su familia.

Arriesgándose, toma la decisión de quitársela, lo que significa desmontar el artificio del falso yo para encontrarse a sí mismo, llegar a amarse y poder amar a su familia y a los demás.

Al tomar la decisión de quitarse la armadura inicia el Proceso de Desvelamiento del yo experimentador, que consistirá en descorrer los velos de oscuridad del falso yo que encubren la realidad luminosa del Yo verdadero.

Para ello intenta quitarse el yelmo por sí mismo. Éste cubre los sentidos de la vista, del oído, del gusto y del tacto que el Caballero había tapado para no sentir la realidad de la vida. El yelmo corresponde a los segmentos de la armadura o coraza caracterológica de la Bioenergética: ocular, oral y del cuello, los cuales le habían producido serios problemas psicosomáticos que le impedían comer y hasta besar, ver y escuchar a su familia, a la vez que mantenía una actitud irreal de caballero y cruzado.

Pero el yelmo estaba demasiado enganchado e incluso también la visera lo estaba. Desesperado, trató de encontrar una solución al problema. Por primera vez buscó ayuda y la encontró en el herrero. Éste le dijo que más que tener un problema él era un problema en sí mismo. A pesar de los esfuerzos del herrero —que era el hombre más fuerte del reino—, el yelmo ni siquiera se abolló porque la armadura estaba demasiado endurecida. El Caballero era insensible a los golpes, porque su armadura afectiva se había endurecido tanto, y su inconsciente estaba tan bloqueado que no podía abrirse, y menos con el tipo de ayuda que le brindaba el herrero.

La armadura del falso yo no se quita por la fuerza bruta sino mediante un trabajo de interiorización. El herrero no es el terapeuta idóneo para eliminar la coraza del falso yo y dejar al descubierto el Yo verdadero, por lo que el Caballero tendrá que buscar un profesional adecuado mediante el cual se haga sensible a su yo experimentador y pueda conocerlo, logrando así el conocimiento de sí mismo.

Cenando en casa, su mujer se enfadaba con él porque tenía que introducir por los orificios de la visera la comida que previamente había tenido que triturar. Eso significa que la armadura psicosomática se había anquilosado hasta tal punto que el Caballero había perdido las funciones más elementales como la de alimentarse por sí mismo y de un modo natural.

Cuando el Caballero le comenta a Julieta que no consigue quitarse la armadura, ella, que ha llegado al límite de su aguante, no le cree y le grita llamándole bestia ruidosa, al mismo tiempo que estrella un plato de puré de estofado de paloma contra su yelmo, pero él no siente nada, porque no discierne entre lo que es falso y lo que es verdadero. En la Bestia o falso yo están simbolizadas las Fuerzas del Mal, mientras que en la Bella estaría simbolizado el Yo verdadero, es decir, las Fuerzas del Bien. La paloma simboliza lo espiritual, y es precisamente lo que el Caballero ha maltratado y a lo que se ha vuelto insensible. Más adelante Merlín le ofrecerá la ayuda de ese ave.

Por fín se da cuenta de que «su armadura no le dejaba sentir apenas nada, y la había llevado durante tanto tiempo que había olvidado cómo se sentían las cosas sin ella».

La armadura psicosomática había empezado a formarse en él ya desde su infancia y la había llevado durante tanto tiempo que había perdido la sensibilidad de los sentidos y la capacidad de sentir amor.

Por primera vez el Caballero se entristeció y se deprimió cada día más al comprender que Julieta no confiaba en que su intención de quitarse la armadura fuera auténtica, a pesar de que lo había intentado durante días con el herrero. Además, como la veía cada vez más fría, se sentía preocupado por primera vez en su vida.

También es la primera vez en su vida que se siente frustrado porque no logra desembarazarse de la armadura a pesar de haber puesto en ello todo su empeño.

Después de visitar por última vez al herrero, vuelve a casa y Julieta le echa en cara que la única manera que tiene su hijo de verle es mirando el retrato que está sobre la chimenea. Le da de comer un plato de puré de cordero que será la última comida que le prepare. El cordero significa que será el último sacrificio que haga Julieta por él.

El Caballero emplea la autojustificación diciendo que no es culpa suya estar atrapado en la armadura. Pero, en realidad, es el único responsable de sus pensamientos y de sus acciones y no puede echarle la culpa a nadie. Si compraba bonitos castillos y caballos para su familia era, en realidad, para su propia satisfacción ya que ellos realmente no le importaban.

Se sintió dolido de que Julieta pareciera no amarle más. Si no se quitaba la armadura, Julieta se marcharía con su hijo, pero aún no sabía cómo hacerlo, y se puso a reflexionar sobre el modo de quitársela. Tenía claro que necesitaba ayuda, y como no la encontraba en su propio reino, es decir, en el mundo que conocía y en su consciente, decidió buscarla en otras tierras.

PIENSA QUE EN ALGÚN LUGAR HABRÁ ALGUIEN QUE PUEDA AYUDARLE a quitarse la armadura, así que decide que, aunque eche de menos a su familia y su elegante castillo, se sacrificará por ellos. Tendrá que salir del lugar que le parece seguro y embarcarse en la gran aventura de la búsqueda de sí mismo.

Para buscar la verdad el Caballero ha de dejar todo lo que conoce y posee y ponerse en camino para encontrarse consigo mismo. Dejará el vínculo familiar y el castillo y aprenderá a conocer su castillo interior. Su éxito ya no estará en la búsqueda de fama y de prestigio, sino en la transformación del yo experimentador en una realidad luminosa.

Decide emprender viaje a pesar de que teme que Julieta pueda encontrar el amor en otro caballero que esté deseoso de quitarse la armadura y ser un buen padre para Cristóbal. Toma la firme decisión de salir una mañana muy temprano, que interpretado en el sentido simbólico, significa el alborear de una nueva vida. Monta en su caballo y no osa mirar atrás por miedo a cambiar de idea. No mira atrás por temor a arrepentirse, pues si vuelve, se convertiría en un montón de acero más frío aún que una estatua, y volvería al estado de conciencia oscura, perdiendo la visión clarificada del futuro que ahora vislumbra.

Al salir de la provincia se detiene para despedirse del rey que vivía en un grandioso castillo en la cima de una colina y que había sido muy bueno con él. El rey simboliza aquí el consciente racional que mora en un lugar poderoso del cual quiere el Caballero despedirse para luego entrar en el mundo de lo desconocido, del inconsciente.

UN BUFÓN LLAMADO BOLSALEGRE le dará las claves para encontrar al mago Merlín.

El Caballero cruzó el puente levadizo y, al entrar en el patio, se encontró con el bufón sentado, con las piernas cruzadas y tocando una flauta. «Se llamaba Bolsalegre porque llevaba sobre su hombro una bolsa con los colores del arco iris, llena de artilugios para hacer reír o sonreír a la gente. Había extrañas cartas que utilizaba para adivinar el futuro de las personas [...]»

El puente simboliza la decisión de cruzar al otro lado para conseguir la victoria, dejar lo conocido y adentrarse en la búsqueda de lo desconocido. El patio simboliza el Sí mismo.

Es al otro lado del puente levadizo donde se encuentra a alguien que le ayudará: un bufón alegre que tiene la capacidad de reírse de sí mismo. No tiene importancia personal ni le afectan las cosas, es aparentemente tonto y conoce dónde están el rey y Merlín. En cierta medida es la antítesis del Caballero.

El bufón le hace de espejo al hablarle del semblante triste que trae y le explica que todos estamos atrapados sin saberlo en alguna armadura, pero que el Caballero ya lo ha encontrado.

El rey acaba de irse a una nueva cruzada que significa la vuelta al Sendero de la Verdad, que el rey emprende para conocerse a sí mismo y renovarse.

Pensando que iba a morir de inanición dentro de su armadura mientras esperaba al rey montado en su cabalgadura, sintió ganas de dejarse caer, pero su armadura se lo impidió. Se enfadó con el bufón y ya estaba a punto de irse cuando Bolsalegre le dijo que había «alguien que puede ayudaros, Caballero, a sacar a la luz vuestro Yo verdadero». El Yo verdadero renacerá a la luz, al descorrer los velos de la armadura y ser libre.

El bufón le habla del mago Merlín, maestro del Rey Arturo que, aunque vivió hace ya mucho tiempo, sigue morando en los bosques.

Merlín es una leyenda, un mito. Lo importante no es si vivió realmente, sino la existencia de hombres de conocimiento que vivieron o que viven en la actualidad. Estos seres, también llamados Adelantados, son de una gran ayuda para todo aquel que busca la Verdad y son los que mantienen vivo el Conocimiento en el planeta.

Esos bosques pueden ser muy grandes porque representan al inconsciente. Aunque le resulte muy difícil encontrar a Merlín en ellos, lo conseguirá, porque está preparado para el viaje. El maestro aparecerá cuando el buscador esté dispuesto. El Caballero toma, pues, la firme decisión de ir a su encuentro.

Para despedirse, y en señal de gratitud, el Caballero le da la mano cubierta con el guantelete a Bolsalegre, pero le hace daño. El bufón le dice que, cuando elimine la armadura, sentirá también el dolor de los demás, del que ahora no es consciente por tener acorazados los sentimientos y los sentidos.

El Caballero se aleja galopando en su caballo, albergando nuevas esperanzas en su corazón.

Siete claves para meditar

1. *¿Reconoces tu armadura?*
   ¿Qué defensas la componen?

2. *¿Sientes realmente que eres bueno, generoso y amoroso?*

3. *¿Cómo vives los sentimientos?*
   ¿Eres sincero en el amor?

4. *¿Cómo te relacionas con tu familia y con tus compañeros?*

5. *¿Le dedicas suficiente tiempo a tu familia?*

6. *¿Tienes una intención sincera de cambiar?*

7. *¿Estás buscando al terapeuta-guía apropiado?*

SEGUNDA PRUEBA:
EN LOS BOSQUES DE MERLÍN

EL CABALLERO SE ADENTRA EN EL BOSQUE DEL INCONSCIENTE. El Caballero cabalgó en solitario por los bosques durante días y noches tratando de encontrar al astuto mago. Le impulsaba el anhelo de cambio y de encontrar a Merlín.

«Había muchos bosques en los que buscar, pero sólo un Merlín». Esta frase expresa lo siguiente: por un lado, es en el bosque del inconsciente y en el corazón de cada uno donde hay que descubrir el maestro interior. Por otro lado, nos sugiere la idea de encontrar el guía apropiado, que sea realmente profesional y competente en los bosques del mercado de las terapias, búsqueda que no es tarea fácil. Ahora bien, el Caballero ha encontrado su guía en la figura del maestro Merlín que, sin lugar a dudas, es el sabio de más conocimiento de esa época.

En ese tiempo de búsqueda en solitario entra en un estado de incubación, previo al darse cuenta de los orígenes de la enfermedad. Es un proceso en el que el Caballero se debilita cada día más.

El bosque aparece con gran frecuencia en los relatos de héroes con diferentes significados. Aquí representa al inconsciente personal y a su aspecto peligroso en particular, más que al principio femenino y materno.

Emboscarse es retirarse. El Caballero es un emboscado. Se ha separado del mundo y se ha aislado en el bosque para reflexionar y encontrarse consigo mismo.

El bosque simboliza el inconsciente. Adentrarse en el bosque y profundizar en él le permite conocer las sombras y las luces que en él habitan. También simboliza la Sombra. Por último, simboliza el principio femenino que el Caballero tendrá que rescatar para completar su naturaleza.

La llamada del bosque es esa llamada que siente su naturaleza interior incompleta y que le incita a ir más allá. Por eso, el Caballero abandona todo lo que hasta entonces había dado sentido a su vida: batallas, cruzadas, castillos y familia. Se adentra en el bosque para comprender qué significa su armadura y poder despojarse de ella, o lo que es lo mismo, para comprender cómo se manifiesta el indómito yo experimentador y ponerlo a su servicio.

Así, aniquilará la personalidad de «caballero», que no es más que una máscara que le impide desbrozar su Yo verdadero de la maleza del falso yo y encontrar su verdadera naturaleza.

Como la emboscadura favorece la reflexión, llegó a pensar que era muy listo en asuntos de caballería, pero había muchas cosas que ignoraba y una de ellas era que no sabía sobrevivir en los bosques, lugar que desconocía, lo mismo que su inconsciente. Ahora que ha roto la rutina de su vida de caballero y se ha arriesgado en algo nuevo, sobrevivirá si se abre a la vida del inconsciente.

Perdió su instinto natural, porque desde pequeño había puesto más interés en lo intelectual que en los impulsos vitales y en la afectividad.

Reconoce, aunque de mala gana, que no sabe distinguir una baya venenosa de una comestible. En el plano psicológico, eso significa que en su vida nunca supo diferenciar las cosas tóxicas de las saludables. También tiene dificultades para beber agua en los arroyos, debido a su yelmo, y poco le falta en dos ocasiones para ahogarse. En lo simbólico, el agua es conocimiento y purificación; el contacto con ella implica regeneración, porque éste va seguido de un nuevo renacimiento. El Caballero nunca había bebido un conocimiento realmente útil y tampoco podía beber para purificarse de la armadura que se había puesto. Ahora, que ha decidido quitársela, tiene problemas para beber del conocimiento, porque antes de aprender, tiene que desaprennder los conocimientos mal adquiridos.

Desde que se internó en el bosque estaba perdido, pues no sabía distinguir el norte del sur ni el este del oeste, aunque su caballo sí lo sabía. Eso significa que, estando perdido en el bosque de su inconsciente y sin la ayuda de un guía que le oriente, no podrá mantenerse por mucho tiempo. Hasta entonces había desorientado a los demás con el reflejo de su armadura, ahora le estaba sucediendo lo mismo a él. El caballo, que representa la pulsión de los instintos, sí lo sabía.

EL CONVALECIENTE en griego es el que retorna. La nostalgia es el dolor del retorno, el eterno retorno hacia uno mismo.

El Caballero es un convaleciente porque se retira al bosque para volver hacia sí mismo, es decir, para lograr su individuación.

Como convaleciente, está regresando hacia sí mismo y, cuando haya completado ese regreso, podrá decir quién es en realidad. Sabiéndose convaleciente, será capaz de reconocer el sufrimiento que conlleva la armadura (la enfermedad) y comprenderá el sentido último de su vida.

Cuando el Caballero enferma de debilidad, Merlín le explica lo afortunado que es, porque «una persona no puede correr y aprender a la vez. Debe permanecer en un lugar durante un tiempo». El Caballero llega así a la comprensión del valor que tiene el hecho de detenerse y reflexionar, porque la vida vertiginosa aturde. Si no es capaz de parar, la enfermedad sobreviene como señal de alarma para que se detenga. La enfermedad no solamente es un mal, sino que aparece como una aliada beneficiosa, porque exige ser escuchada.

El Caballero es un convaleciente que tiene que conocer el origen de su enfermedad y comprender que el secreto de su cura se encuentra en el retorno hacia sí mismo.

SE ENCUENTRA CON EL MAGO MERLÍN, arquetipo del viejo sabio. La relación y las estrategias terapéuticas que emplea con el Caballero serán decisivas.

La figura del mago, por lo general, aparece a la sombra del héroe como guía. El mago Merlín se muestra cuando el Caballero realmente le necesita.

Le ayuda en su búsqueda y lo convierte en un héroe mítico que expresa el Yo verdadero.

Las estrategias terapéuticas que emplea Merlín son la frustración —le responde a sus preguntas con otra pregunta— y la confrontación. Le sirve de espejo donde el Caballero ve reflejado lo falso y lo verdadero de sí mismo. Le escucha desinteresadamente y le acompaña.

Le ofrece su ayuda diciéndole que podrá llamarle en cualquier momento que le necesite. Le acompaña y vela por él; le apoya y le conforta en los momentos difíciles; le pone la mano sobre el hombro, hace que tome confianza en sí mismo y le sonríe. Es irónico y juguetón. Es compasivo. Le protege de los peligros del viaje, pero nunca realizará las tareas que le corresponden al Caballero.

Como mago que es tiene la capacidad de aparecer y desaparecer en el momento más apropiado. Hace una integración de los elementos que han surgido después de una catarsis.

El Caballero debió de sentir algo muy especial al contemplar la escena en la que Merlín aparece sentado bajo un árbol, vestido con una túnica blanca, rodeado de animales del bosque y con pájaros posados en sus hombros y en sus brazos.

A lo largo de la Historia es frecuente encontrar la escena de un hombre sabio sentado bajo un árbol. El árbol sagrado y la piedra –que aparecerán en los capítulos cinco y siete–, son los dos símbolos más arcaicos de la Humanidad. En esta escena, el árbol simboliza la sabiduría, la regeneración y el crecimiento y tiene aquí la función protectora y maternal. Se comprende su asimilación a la escalada de la montaña como símbolo de redención.

Es interesante reconocer también en la estructura del árbol la diferenciación morfológica de los tres niveles que su simbología expresa: raíces, tronco y copa. Como símbolo del hombre, las raíces representan el enraizamiento en la realidad y las vivencias de los primeros años de vida; el tronco corresponde al período que va desde la niñez a la adolescencia y la copa equivale a la personalidad. La túnica blanca es signo de pureza. Su yo experimentador se ha desprendido de las impurezas. El mago tiene la capacidad de comunicarse con los animales que le rodean y que se impregnan de su sabiduría. Los pájaros se hallan posados en los brazos del mago, en un lugar más elevado que el resto de los animales. Las aves pueden simbolizar las almas y, por similitud, los ángeles, en cuanto a la posibilidad del vuelo. Simbolizan la rapidez de comunicación con lo espiritual. Se relacionan con lo espiritual, con el elemento aire y con la altura.

Merlín, como todo hombre de gran conocimiento tiene poder para hablar con los animales y con los elementos de la naturaleza, como las plantas y los ríos. Los sabios pueden hacerlo porque han dado un cambio cuántico en el nivel de conciencia y comprenden que todo lo creado está hecho con la misma esencia de la Fuente. Se abren a las vibraciones de los demás. Gracias a que se han despojado de su ropaje mental, tienen acceso a la intuición del corazón y, por eso, comprenden el lenguaje de la naturaleza.

«Una mañana, se despertó sintiéndose más débil de lo normal y un tanto peculiar. Aquella misma mañana encontró a Merlín». Es con la claridad del nuevo día que se despejan las nubes de su mente. El estado de debilidad afloja las defensas y es entonces cuando se abre a los significados de la existencia y encuenta al mago.

Al ver a Merlín, el Caballero mueve la cabeza sombríamente de un lado a otro, haciendo chirriar su armadura, como mostrando los problemas que ésta le causa. Se asombra de ver la facilidad con que los animales han encontrado al mago mientras que para él había sido tan difícil.

Creía haber estado perdido en el bosque durante meses, pero Merlín le dice que, en realidad, había estado perdido toda la vida.

Si se hubiera dejado llevar por su instinto natural, no sólo habría encontrado antes al mago, sino que se habría dado cuenta del problema que tenía con su familia.

Ante esa verdad que le ha dicho Merlín, se siente herido y reacciona con furia. Mostrarse enfurecido es signo de que se están deshelando sus emociones y eso es positivo, porque en su vida anterior como cruzado no dejaba que las emociones se expresaran. La verdad que le dijo Merlín le hirió tanto en su importancia personal que tuvo la intención de montarse en su caballo y marcharse, a pesar de la debilidad que tenía por causa del hambre y la sed, pero al final se dejó caer envuelto en metal sobre la hierba.

Como todo maestro, Merlín, al verle exhausto, siente desde su corazón una gran compasión y le dice que «es afortunado por estar demasiado débil para correr... una persona no puede correr y aprender a la vez. Debe permanecer en un lugar durante un tiempo».

La debilidad aparece como aliada del Proceso, pues el Caballero ha llegado al límite de su resistencia y no puede seguir existiendo si continúa llevando ese tipo de vida. Tendrá que detenerse y reflexionar profundamente. Si quiere encontrar el agua del conocimiento, tendrá que cavar un pozo con Merlín y emplear toda su energía en ello.

LA COPA DE LA VIDA que le ofrece Merlín es la de la alianza entre ambos.

El Caballero se sentía muy cansado, pero consolado y sereno, así que se quedó dormido de inmediato. Al despertar, vio a Merlín y a los animales a su alrededor. «Merlín le tendió una copa de plata que contenía un extraño líquido». Dar de beber de una copa era un rito iniciático en algunas órdenes de caballería. La copa de plata simboliza el Sí mismo. La bebida que le ofrece al Caballero no da la muerte, sino la vida. Merlín le ordena que beba y, ante el recelo con que mira la copa, le explica que se había puesto la armadura por miedo. Ese miedo le había quitado la vida a su cuerpo y había endurecido su corazón, pero éste «Agua de la Vida», le rejuvenece el cuerpo y renueva el corazón.

Como el Caballero tiene sed de vivir y la armadura le había hecho ir muriendo un poco cada día, sorbió el líquido por medio de una pajita. «Los primeros sorbos le parecieron amargos, los siguientes más agradables, y los últimos tragos, bastante deliciosos...» Tras beber, el Caballero, lleno de agradecimiento, le devuelve la copa a Merlín y el mago le dice que el líquido que contiene es Vida y le explica: «¿No os pareció amarga al principio y, luego, a medida que la degustabais, no la encontrabais cada vez más apetecible»? El Caballero asintió. «Sí, los últimos sorbos me resultaron deliciosos».

«Eso fue cuando empezasteis a aceptar lo que estabais bebiendo», le respondió Merlín, lo cual significa que, al aceptar la vida, ésta se convierte en un dulce transcurrir.

En otro plano, el agua es vida y simboliza el inconsciente y el conocimiento, por eso Merlín le da a beber grandes cantidades de ella, para que de ese modo obtenga el conocimiento deseado.

El símil del saboreo puede asociarse al Proceso y a la toma de conciencia de los conflictos: cuando se comienza a vivenciar un problema resulta doloroso, pero después se produce un alivio y una ternura especial que se vive como algo delicioso.

La copa simboliza la cura. Cuanto más beba y saboree la vida, más se conocerá y más próximo estará a la Vida. Cuanto más acepte, más amará.

La copa simboliza también el corazón —pues el líquido que contiene es el mundo fluido del sentimiento—, que, además de dar vida, contiene la esencia del Yo verdadero.

En la copa tenemos la forma y el contenido. La forma son las estrategias, el sendero a seguir durante el Proceso, y el contenido es el conocimiento del amor.

Después de beber la copa de la Vida, el Caballero recibe ayuda de los animales. Merlín tocó las palmas y aparecieron ardillas, liebres y ciervos. Cada uno de ellos trituró algo comestible para que el Caballero comiera. Le alimentaron con regularidad y Merlín le dio a beber enormes copas de Vida con la pajita. Muy pronto, el Caballero se sintió fortalecido y esperanzado.

El hecho de quedarse inválido, de no poder alimentarse por sí mismo y necesitar a los demás para que le dieran de comer se asemeja al estado de un bebé que sin la ayuda de otros no puede subsistir. El Caballero habría hecho una regresión. Por otro lado, la pajita que le pone Merlín para beber el líquido recuerda la vuelta al claustro materno en donde el hijo es alimentado a través del cordón umbilical, «bebiendo» la vida a través de la madre. Merlín es el encargado de este alumbramiento y de traerle a la vida.

Todos los días el Caballero le preguntaba a Merlín cuándo podría salir de la armadura, a lo que cada día Merlín le respondía: «¡Paciencia¡ Habéis llevado la armadura durante mucho tiempo. No podéis salir de ella así como así».

La paciencia es la medicina imprescindible para emprender el viaje. El Caballero había padecido la armadura durante mucho tiempo, su eliminación no podía conseguirse en un momento. El proceso de retorno a sí mismo es cuestión de tiempo. Hay un tiempo para la autobservación y la comprensión de lo falso y lo verdadero dentro de uno mismo. Este tipo de paciencia no es resignación sino un estado de comprensión y de aceptación.

Merlín empezó a tocar en el laúd una melodía que era uno de los últimos éxitos de los trovadores: «Añoro los viejos tiempos en que los caballeros eran valientes y las damiselas eran frías», y después otra canción que decía: «Tendrás un largo y frío invierno, si tienes un corto y frío corazón».

Con esas canciones Merlín le está expresando de un modo metafórico que el retorno de la paloma que ha enviado con una carta para su hijo Cristóbal y de la que espera respuesta será largo, doloroso y angustioso. Por otro lado, podemos interpretar, en lo simbólico, que el ánima –simbolizada en la damisela– estaba fría y dominada por el Caballero, a quien se le había estrechado y enfriado el corazón por haber ocultado sus sentimientos detrás de la fría armadura de la importancia personal, lo cual le había llevado a pasar muchos años invernando respecto a sus sentimientos.

Merlín había sido maestro del rey Arturo, que vivió y murió hace cientos de años, pero Merlín sigue viviendo en el presente porque «pasado, presente y futuro son uno cuando se está conectado a la Fuente».

Tiempo y espacio son coordenadas del mundo existencial. Corresponden al mundo de los sentidos. Debemos reconocer la naturaleza ilusoria del tiempo. Cuando se está en un estado acrecentado de conciencia, el tiempo adquiere otro significado. Esas alteraciones del transcurso del tiempo también se dan en ciertos momentos del Proceso.

LA FUENTE es el poder misterioso y el invisible origen de todo, le dice Merlín al Caballero.

Se le dan diversos nombres: Fuente, Origen, Creador, Absoluto, Dios, etc., porque de algún modo hay que nombrar lo innombrable. Decir «Fuente» es utilizar uno de los nombres de la Esencia, la cual se manifiesta a través de más de cien atributos. Ésta crea los Mundos mediante las fuerzas formativas, los ángeles.

A lo largo del libro aparecen cinco atributos fundamentales: la Verdad, el Silencio, el Conocimiento, la Voluntad

y la Osadía, que el Caballero tendrá que descubrir y culti-
var. También aparecen otros muchos más, como el Originador, el Único, etc.

Fuente no es más que un concepto. Para saber de su
Esencia hay que transcender lo racional y entrar en la intuición del corazón, unificándose con Ella, cosa que le sucede al Caballero en la última prueba, al vaciarse de todo
condicionamiento y de todo lo que cree ser.

MERLÍN LE DICE QUE SE HA PUESTO LA ARMADURA POR
MIEDO. Lo que le atrapó en su armadura fue su mente
limitada. No había nacido con ella, pero la había llevado
durante tanto tiempo que no podía salir así como así.

Se había puesto la armadura por miedo y cobardía,
aunque dijese que se la ponía para protegerse cuando iba a
la batalla para que no le hirieran de gravedad o le mataran.
Se estaba autojustificando y huyendo de la realidad. Verdaderamente tenía miedo de recibir golpes en su armadura y
que los conflictos se pusieran al descubierto, abriendo heridas enquistadas, ya que ello podría llevarle a reconocer el
mal que habita dentro de él y conducirle a una muerte
simbólica, que no es más que la muerte de todo aquello
que le turbaba, pero de lo que no se atrevía a desacorazarse.

El miedo le había llevado a acusar a los demás y hacerles
culpables de todo cuanto de malo le pasaba. La culpa que
debía sentir por la falta de atención hacia su familia tenía
que exculparla proyectándola a través de una acción bienhechora, luchando contra sus enemigos. Así, la culpa quedaba aliviada mediante la acusación a sus enemigos y la sumisión a la autoridad de los reyes, a los que al parecer tenía
idealizados. Detrás de todo eso se escondía la debilidad y la
imperfección. La culpa se manifiesta en la actitud defensi-

va, la autojustificación y la inseguridad. Cuando el Caballero haya aprendido a quitarse la armadura, ya nunca tendrá que salir en todas direcciones a las cruzadas, porque eso sería hacer varias cosas al mismo tiempo. Si llega a comprender eso, la andadura se le hará más fácil.

El Caballero se había puesto la armadura, no porque alguien se lo hubiera mandado, sino porque creía que tenía que demostrar que era un caballero bueno, generoso y amoroso. Merlín le pregunta: «Si realmente erais bueno, generoso y amoroso, ¿por qué teníais que demostrarlo?» Cuando estamos seguros de lo que somos, no tenemos que demostrar nada, tan sólo hemos de mostrarnos como somos y nuestras cualidades aparecerán a la vista.

El Caballero no quería pensar en lo que Merlín le había dicho y se puso a dormir, cosa que siempre hacía cuando huía del enfrentamiento con la realidad.

A la mañana siguiente –la mañana tiene aquí el sentido simbólico de despertar del sueño de su ignorancia– se despertó con un pensamiento clavado en su mente –como actuando a la manera de un clavo que abre la mente a la claridad–. Pensó que tal vez no poseía esas tres cualidades de bondad, generosidad y amor.

Decidió preguntar a Merlín, quien le respondió a su vez con una pregunta, estrategia que favorece el Proceso. El Caballero se marchó enfadado y dejó caer su pesado cuerpo bajo un árbol para reflexionar sobre las preguntas del mago. Se cuestionó si tenía esas cualidades. Sin darse cuenta, se había sentado sobre la cola de la ardilla y, al notarlo, le pidió disculpas. La ardilla le dijo que siempre estaba pidiendo disculpas a los demás por hacerles daño.

Estar pidiendo disculpas de continuo obedece a un sentimiento de culpabilidad y corresponde a una psicología del resentimiento que aparece en forma de dos fuerzas contrarias: bajo el disfraz de acciones pseudopositivas y de un desprecio por la vida. Detrás de esos sentimientos hay miedo y falta de responsabilidad, y detrás del resentimiento hay exigencias. La ardilla no tiene nada de eso. El Caballero se sintió irritado, pues consideró que la ardilla era una sabelotodo. Al despreciarla está rechazando su pulsión instintual. La ardilla le pregunta: «¿Nunca aceptáis nada tal como es, simplemente porque es?».

Eso significa que, cuando estamos libres de prejuicios y condicionamientos, vemos las cosas en su esencia, tal como son en realidad, no quitamos ni ponemos nada a lo observado. «Una rosa es una rosa, una rosa».

De pronto, el Caballero se da cuenta de que está hablando con la ardilla, aunque sabe que los animales no pueden hablar. Se ha comunicado con ella porque su mente inquisitiva se ha ablandado y tiene más capacidad para comprender. Se ha vuelto lo suficientemente sensible como para conectar con sus propios impulsos vitales y puede sentir las vibraciones de los demás. El Caballero había sentido las vibraciones de la ardilla y las tradujo en palabras. No salía de su asombro y menos aún cuando Merlín le dijo que esperaba que hablase algún día con las flores. Al Caballero le es difícil comprender ese fenómeno con su mente superestructurada.

DESESPERADO, INTENTÓ REGRESAR CON SU FAMILIA, porque no se sentía capaz de estar más tiempo en el bosque.

Se había adentrado tanto en la espesura de su inconsciente que había avistado la locura, tenía miedo y quería huir. Se justificaba pensando que lo que quería era regresar con su familia, ser un marido bueno, generoso y amoroso y un buen padre para Cristóbal, pero alguien que no sabe cuidar de sí mismo y que no ha tomado una decisión sincera de cuidar a los demás, porque su mente está en otras batallas, no es de fiar en sus propósitos. Regresar con su familia sería una huida de sí mismo, interrumpiría el Proceso de conocerse y amarse. Además, habiendo descubierto su verdadera naturaleza, ya no podría seguir mintiéndose a sí mismo, fingiendo ante los demás, pues traicionaría su propia esencia. Si regresase, sería una carga asfixiante para Julieta y Cristóbal. Aunque pensase que era uno de los mejores caballeros del reino y que le darían otra oportunidad, eso no era más que un pretexto.

Reflexionando sobre su familia «recordó las eternas quejas de Julieta de que se fuera tan a menudo a la batalla, por la atención que le prestaba a su armadura, por su visor cerrado y por su costumbre de quedarse dormido para no oír sus palabras. Quizá Julieta *no* quería que él volviera, pero Cristóbal sí querría».

Merlín le sugiere que envíe una nota preguntando a Cristóbal si desea que su padre vuelva con él y que utilice para ello a la paloma como mensajera. Al Caballero la paloma le parece un pájaro estúpido, porque su falso orgullo le hace creer que él es el mejor, pero la expresión del orgullo es un intento para compensar la inseguridad de su propia valía. La paloma tiene mucho más corazón que él y sabe distinguir los cuatro puntos cardinales, cosa que él no sabe. Se queda perplejo por haber enfadado a la paloma y a la ardilla y además, por haber hablado con ellas.

Al haber transcurrido una semana sin recibir noticias, el Caballero comenzó a estar intranquilo, pues temía que la paloma hubiera caído presa de alguno de los halcones de caza que él mismo había entrenado y se arrepintió de haber practicado un deporte tan sucio. Del mismo modo que había entrenado a pájaros de rapiña para cazar, también había entrenado a su falso yo para apresar a su Yo verdadero. Pero aún no se daba cuenta de que tenía aspectos rapaces en su Sombra que habían interferido en su vida. Éstos aparecen ocultos en sus vuelos y hazañas bienintencionadas hacia los demás, porque en realidad su deseo era el de apresar el botín de los honores, el prestigio y la fama. De este modo, su Sombra se había hecho más densa y oscura.

Después de pasar un largo y frío invierno en su corazón esperando la respuesta de la paloma, ésta retornó con el mensaje. El Caballero se quedó boquiabierto al ver que el papel estaba en blanco. Merlín le explicó que su hijo no le conocía lo suficiente como para darle una respuesta.

«El Caballero permaneció quieto un momento, pasmado, luego lanzó un gemido y lentamente cayó al suelo. Intentó contener las lágrimas, pues los caballeros de brillante armadura no lloran. Sin embargo, pronto su pena le venció. Luego, exhausto y medio ahogado por las lágrimas, el Caballero se quedó dormido».

UNA PENA PROFUNDA Y LAS LÁGRIMAS DE SENTIMIENTOS VERDADEROS le liberan de la visera del yelmo.

La falta de respuesta de Cristóbal ha calado en la fibra sensible del Caballero y le ayuda a comprender la mala relación que mantuvo con su hijo. El impacto ha dinamitado el conflicto interno.

Ante semejante choque, las defensas corporales y emocionales se han ablandado, la armadura psicoemocional no puede protegerle. El cuerpo, como un libro que lleva la historia personal del Caballero, libera el conflicto y se hace consciente del problema. Por mucho que se aferre al lema de que los caballeros no lloran, no podrá contener la emoción que le embarga. Llora hasta quedar exhausto y medio ahogado dentro del yelmo.

Se trata de una catarsis provocada por la toma de conciencia del problema que tenía con su hijo y que sirve de purificación de los conflictos. Al comprender por fin, se empieza a liberar de parte de la carga energética negativa que ese conflicto contenía. En la cuarta prueba se liberará de otra carga aún más intensa, la de su mala relación con su esposa.

Después de la descarga, sintió un extraño alivio, al reconciliarse consigo mismo, y acurrucándose en el calor de aquel nuevo sentimiento de ternura, se quedó dormido.

SIETE CLAVES PARA MEDITAR

1. *¿Te emboscas en tu inconsciente?*

2. *¿Sientes nostalgia del Yo verdadero?*

3. *¿Has encontrado a tu guía?*

4. *¿Para qué te pones la armadura?*

5. *¿Eres paciente y perseverante?*

6. *¿Eres sincero con los sentimientos?*

7. *¿Diferencias el sufrimiento destructivo del productivo?*

TERCERA PRUEBA:
EL SENDERO DE LA VERDAD

LA SABIDURÍA DE MERLÍN y su compañía son de una gran ayuda para el Caballero.

Cuando el Caballero despertó, Merlín estaba sentado junto a él, en silencio. Le reconfortó diciéndole que había dado el primer paso para liberarse de su armadura. Tener al lado a un maestro que nos acompaña en los momentos difíciles nos da seguridad y confianza.

Merlín le dice que ha llegado el momento de ponerse en marcha. Aunque parece que el Caballero no se ha enterado del propósito de liberarse de su armadura y no le satisface la idea de tener que partir, decide hacerlo, ya que por primera vez en su vida disfrutaba de estar en el bosque, en compañía de Merlín y de los animales.

Ahora todo le resultaba familiar y placentero. Durante su vida como caballero nunca había disfrutado, porque se había autoimpuesto demasiada responsabilidad en las batallas, intentando ser el mejor. Tampoco disfrutaba de la compañía de su familia, porque estaba con ella más bien por obligación y no por auténticas ganas de compartir el tiempo. Como nunca se había permitido la alegría de vivir, al sentirla en esa ocasión la valoraba mucho.

El Caballero expresó por primera vez que estaba cansado de los inconvenientes de su barba y de comer papillas. Esa queja quiere decir que ha empezado a tomar conciencia de los serios problemas que le causa su armadura. Si no se impone un deseo profundo de cambio, los problemas empeorarán hasta el punto de llevarle a una muerte prematura, ya que la armadura psicoemocional puede ocasionar enfermedades psicosomáticas.

Experimenta una gran tristeza cuando Merlín le dice «¿Y cuándo fue la última vez que sentisteis el calor de un beso, olisteis la fragancia de una flor, o escuchasteis una hermosa melodía sin que vuestra armadura se interpusiera entre vosotros?» El Caballero no tiene más remedio que reconocer que casi ha olvidado todo eso y se hace el firme propósito de liberarse de la armadura por sí mismo.

La armadura de acero que siempre lleva puesta y no se quita ni para dormir representa las corazas muscular, emocional, psicológica, energética y del corazón que siempre llevaba con él.

En el plano de lo físico, el armazón de conflictos psicoemocionales ha afectado a su cuerpo, dejándole sin aliento y reduciendo los sentidos del olfato, del oído y del tacto. En definitiva, el perder la sensibilidad le ha aislado hasta tal punto del mundo, que ya no se acuerda de cuándo sintió el calor de un beso, olió la fragancia de una flor o escuchó una hermosa melodía.

Pero el antiguo témpano de hielo se ha empezado a derretir y, poco a poco, se irán despertando en él, los sentimientos y los sentidos.

En el plano afectivo tenía los sentimientos congelados. Primaba más el centro intelectual que el centro del corazón y del instinto.

En el plano energético, la armadura había bloqueado el flujo de energía vital, por lo cual se sentía débil.

En el plano psicológico y emocional tenía una idea equivocada de lo que significa ser hombre. Parece que para él ser hombre consiste en ser una persona ocupada, fría, dura, distante, autoritaria, afamada y orgullosa, al tiempo que tener un concepto excesivo de lo que es la virtud y la entrega.

Además, mantenía el lema de que los hombres no deben llorar y, por lo tanto, consideraba que él no debía hacerlo. Había caído en el error de creer que siendo tierno se es más débil y siendo duro se es más hombre. Aún no se había dado cuenta de que la ternura es un sentimiento inherente en la naturaleza del hombre.

POR EJERCER DE CABALLERO PERDÍO A SU FAMILIA, pues no se ocupaba de ella.

Aunque amaba a su mujer y a su hijo, su carácter y sus ocupaciones eran un problema que se interponía entre ellos y no podía entregarles cariño. Además, ¿cómo podría darles amor, si ni siquiera se quería a sí mismo? El mérito y los bienes conseguidos en las batallas no favorecían en nada a su familia, pues todo lo hacía por interés propio. Se escudaba tras el papel de caballero por temor a enfrentarse a la realidad cotidiana. No se daba cuenta de que ejercer ese papel le impedía comunicarse con sus seres queridos.

MERLÍN LE RECUERDA EL OBJETIVO DE SU VIAJE, que consiste en liberarse de su armadura.

Merlín, como gran sabio que es, tiene capacidad para diagnosticar la enfermedad del Caballero y aplicarle la medicina más idónea.

El Caballero hace un análisis de su situación y le asalta la duda de si podrá soportar el esfuerzo que le supone seguir las tareas que Merlín le ha propuesto.

Ante el miedo a lo desconocido, siente la tentación de volver con su familia y cree que tal vez no merezca la pena molestarse, porque a Julieta y a Cristóbal les dará igual si se quita o no la armadura. Lo que está sucediendo es que no quiere responsabilizarse y tomar la gran decisión de su vida. En realidad, no importa si los demás tienen o no interés en que nos quitemos la armadura, lo realmente importante es que le interese a uno mismo. Es por eso por lo que Merlín le dice: «Hacedlo por vos mismo». Al final, el Caballero comprende, acepta y pone en práctica esa sugerencia. De ese modo se autodeterminará, al liberarse de todo lo que contiene la armadura. Decide seguir adelante pues será él mismo quien obtenga el beneficio fundamental.

Por otro lado, podría volver al asunto de la caballería y las cruzadas. Tenía una buena reputación y muchos reyes se sentirían felices de tenerle en su corte. Pero luchar en las cruzadas ya no parecía tener sentido para él, porque había empezado a conocerse y había puesto al descubierto su falsa realidad. Ahora su vida sólo tiene un sentido: continuar conociéndose.

HABÍA SEGUIDO UN SENDERO EQUIVOCADO y regresar a él sería un fracaso.

Ante el deseo del Caballero por cambiar, Merlín le conduce hacia un sendero que el Caballero no reconoce. Representa en lo simbólico el sendero de su vida pasada, que no identifica porque su modo de ser en el mundo no le permite ser consciente de estar recorriéndolo.

Merlín le explica que ese sendero es el que había seguido para llegar al bosque en el que le encontró.

El sendero desviado representa en el Caballero la huida de su centro y de la realidad. Se ha apartado de su verdad al dedicarse a las batallas, a matar dragones, a rescatar princesas en apuros y no cuidar de su familia. Es un sendero desvirtuado.

Merlín le invita a continuar el viaje, pero si regresa por el sendero por el que llegó hasta allí, eso sólo le «conducirá a la deshonestidad, la avaricia, el odio, los celos, el miedo y la ignorancia», porque el Caballero es alguna de esas cosas en algún momento.

Si regresa al sendero equivocado ahora que ya sabe de la existencia del verdadero, se pasaría el resto de su vida en una gran contradicción, puesto que ya se ha hecho consciente de la necesidad de cambiar. Viviría en una constante angustia, pues siempre recordaría que tuvo la posibilidad de cambiar y no lo hizo. Si elige volver, moriría de soledad y de fatiga.

El abandono de la familia, la búsqueda de prestigio y la ocultación del Yo verdadero son el camino equivocado. Sería un camino sin sentido, puesto que ya sabe el daño que le causa llevar la armadura y conoce el modo de eliminarla.

EL SENDERO DE LA VERDAD le recordará durante todo el viaje que ser sincero y auténtico consigo mismo y con los demás es lo más importante en su vida, porque le permitirá conocerse y amarse.

Para lograr ese objetivo, Merlín le muestra el camino por el que siempre debe transitar: es el Sendero de la Verdad.

Recorrer ese sendero significa retornar a la Fuente. Simboliza efectuar una ascensión para alcanzar su realización como ser humano. Es un camino que no puede recorrer si no actúa siguiendo un método y unas normas y desarrollando cualidades como la autenticidad, la sinceridad y la rectitud. Si se desvía de ese camino, todo será error y oscuridad; en cambio, si lo sigue, llegará a la cima de la montaña, conseguirá liberarse de la armadura y se encontrará con la Fuente.

Ese nuevo sendero que le señala Merlín «era más estrecho que el primero y muy empinado... y se volvía más empinado a medida que se acercaba a la cima de una lejana montaña».

Analizado en un plano simbólico, la angostura del sendero equivale a las dificultades y esfuerzos con que habrá de enfrentarse para ir desprendiéndose de los apegos que le impiden llegar al fondo de su Ser.

Lo angosto y lo empinado del sendero simbolizan también el estado de constricción que siente el Caballero al estar tan cerca de la Fuente y no poder contemplarla, pues aún no se ha desprendido de todo el lastre de su armadura.

La vida que llevaba en el anterior sendero era menos estrecha, porque el Caballero apenas tenía conciencia de la apretura de su Yo verdadero, por culpa de la coraza. Ahora bien, su sendero no era empinado en absoluto porque, aunque vivía las dificultades propias de un caballero, tenía una actitud que no estaba orientada hacia la ascensión de la cima de sí mismo y no cuestionándose la vida, no se angustiaba.

El Caballero lo contempló sin entusiasmo y dudó de si le merecería la pena seguirlo y pensó también en qué tendría tras la ascensión, pero Merlín le hizo hincapié en lo que no tendría: la armadura.

Ante aquel dilema se puso a reflexionar. Si volvía por el camino por el que había llegado hasta allí, perdería la oportunidad de quitarse la armadura; si se internaba por el nuevo sendero, se liberaría de ella, aunque eso implicara la posibilidad de morir intentando trepar por la empinada montaña.

Emprender el Sendero de la Verdad sería un cambio radical en su vida. Exigiría compromiso, perseverancia y un objetivo definido, pero el beneficio sería tan grande que nada lo podría igualar.

Es importante ser consciente de que en esta vida estamos de viaje y que transitar por un sendero con un objetivo claro y definido da realidad a nuestro devenir cotidiano.

Por fin decide no dar marcha atrás. No volverá a su anterior condición de caballero y se olvidará de la reputación que conseguía en las batallas.

Observó el sendero que había frente a él y luego contempló la armadura que cubría su cuerpo y, por temor a cambiar de opinión, decidió adentrarse de inmediato en el Sendero de la Verdad.

Para recorrerlo y no desfallecer bajo el peso de tanto acero (que es lo equivalente a los conflictos), tendrá que armarse de un gran coraje que le permita resolver las dificultades que se le presenten en el sendero desconocido.

DESARMÁNDOSE DEL PAPEL DE CABALLERO y armándose de coraje, se amará. Para recorrer el sendero con mayor facilidad quiere llevarse a su fiel caballo, pero la estrechez del sendero no se lo permite. Abandonar el caballo significa desapegarse de un yo aún demasiado altivo para el camino a recorrer; al andar a pie se hace humilde.

El caballo es símbolo de la energía dominante del yo. Es por eso por lo que el Caballero tendrá que darse cuenta del dominio que tiene el yo sobre él y aprender a controlar los impulsos destructivos como condición previa y necesaria de maduración. Sacrificar el caballo es pagar algo para conseguir la totalidad psíquica, la plenitud. Por eso descabalga, para transmutarse en hombre espiritual.

Comprenderá que este viaje es diferente a los demás. En lugar de pertrecharse con los elementos que le sirvieron para luchar en las batallas exteriores y aumentar sus capas de armadura, tendrá que renunciar a su caballo y, más tarde, a su espada. Viajará con el mínimo imprescindible y necesario. Activará en su interior otro tipo de armas estratégicas y aceptará toda ayuda que venga de Merlín.

Tendrá que desprenderse de dos apegos muy importantes en su antiguo papel de caballero: el caballo y la espada, pues, para un caballero, nada hay más valioso que estos atributos. La espada no tiene aquí el significado de redención; por el contrario, liberarse de ella es dejar atrás el mundo de las batallas. No necesitará la espada para someter al dragón, sino el conocimiento de sí mismo y el coraje.

MERLÍN LE CONCEDE LA COMPAÑÍA DE REBECA y Ardilla para que no viaje solo, hasta que alcance la cima de la montaña, es decir, hasta llegar al encuentro consigo mismo y con la Fuente.

La paloma Rebeca y Ardilla le sirven de ayudantes de campo. Son sus aliadas, tienen la mejor disposición hacia él y le ayudan a tener coraje.

Ardilla se ofrece para ayudarle a comer y Rebeca, posándose en el hombro del Caballero —como lo hacía en el hombro de Merlín—, le dice que ya ha estado en la cima de la montaña y conoce el camino.

En principio el Caballero adopta una actitud de menosprecio pues se cree más listo que ellas. Además, siendo uno de los caballeros más importantes del reino, ¿cómo iba a recibir ayuda de una ardilla y de un pájaro? A pesar de todos esos prejuicios, tendrá que aceptar la ayuda de Ardilla, que le tritura la comida para que pueda entrar por el pequeño orificio de la visera del yelmo, y la de Rebeca que actuará como exploradora y mensajera.

LA LLAVE DORADA QUE LE DIO MERLÍN le servirá para abrir las puertas de los castillos con las que se encontrará en su andadura por el Sendero de la Verdad.

El Caballero había logrado ponerse en pie con gran esfuerzo, y le había dicho a Merlín que estaba preparado para comenzar el viaje.

Merlín se quitó del cuello una llave dorada que entregó al Caballero. Era la llave que abriría las puertas de los tres castillos que iba a encontrar durante su recorrido por el Sendero de la Verdad: «El primero se llama Silencio; el segundo, Conocimiento y el tercero, Voluntad y Osadía.» Una vez que haya entrado en ellos, sólo encontrará la salida cuando haya aprendido lo que ha ido a aprender.

En lo simbólico, el color dorado de la llave quiere decir que el conocimiento del mago es puro y auténtico. La llave del conocimiento abrirá las puertas de sus castillos interiores, del inconsciente y de la Fuente. La llave de oro simboliza el Self.

La imagen del sendero bloqueado por el castillo simboliza que obligatoriamente tiene que entrar en él y no podrá salir hasta que rescate de su interior las cualidades positivas que contienen: silencio, conocimiento, voluntad y osadía. Entonces podrá salir y seguir caminando por el Sendero de la Verdad. Si no entra en ellos, se desviará del sendero, es decir, de ser auténtico y verdadero y se perderá en la falsedad.

En esos castillos no tendrá que matar dragones para rescatar princesas, y si las hubiera, ya no estaría capacitado para liberarlas. Es difícil salvar a otros cuando se está inmerso en problemas. Ahora tiene que salvar a su Yo verdadero.

El Caballero suspiró profundamente, le pareció que aquel viaje no sería muy divertido y presintió que le iba a resultar más difícil que una cruzada. Merlín le da la clave más importante del Proceso: la lucha será aprender a amarse y para ello tendrá que conocerse. Conociéndose y amándose, llegará a conocer la Fuente, aunque sólo podrá lograrlo si pone en acción el conocimiento que tiene de sí mismo, cosa que Merlín le ayudará a conseguir.

Reencontrarse consigo mismo implica una actitud y una forma de lucha muy diferente de las que ha mantenido durante tanto tiempo. Tiene un riesgo mayor que el de las batallas en las que participó siendo cruzado.

Merlín le promete estar presente si tiene algún problema que no pueda resolver por sí mismo, porque, al ser un mago, puede aparecer y desaparecer a voluntad.

En su afán por ayudar al Caballero, Rebeca explora el sendero y le informa de lo que avista. El Caballero, desarmado de la espada y privado del caballo, que eran parte de sus defensas, quedará exhausto y dolorido al poco tiempo de andar por el Sendero de la Verdad. Hasta entonces siempre había cabalgado portando su espada, y ahora, aunque va revestido con la armadura, está más ligero de equipaje, le es más difícil caminar, pero ha empezado a ganar en hacerse más consciente del peso de la armadura de las falsedades. Ha emprendido el camino del aprendizaje para desprenderse de las defensas que contribuyeron a formar la armadura.

Rebeca y Ardilla decidieron detenerse para dormir. Después de haber comido y bebido algo que ellas le trajeron, el Caballero se quedó dormido. Es evidente que el Caballero se duerme con frecuencia y con gran facilidad porque el cuerpo y la mente necesitan descansar de la intensidad del proceso autotransformador.

DESPUÉS DE UN PROFUNDO SUEÑO le despertó un sol luminoso. Parte de la visera se había oxidado.

Agotado tras un día de viaje por el Sendero de la Verdad, cayó en un sueño profundo y reparador. «A la mañana siguiente le despertó el sol cayendo sobre sus ojos. La luminosidad le molestaba. Su visera nunca había dejado pasar tanta luz».

Intentó comprender qué extraño fenómeno se estaba produciendo. Podía ver mucho más que el día anterior y sentía la brisa fresca en las mejillas. El Caballero es consciente de que se ha caído la visera y que puede ver, pero no sabe cómo ha sucedido. Ardilla le dice que una parte de la visera se ha oxidado y caído y Rebeca le explica que eso ha sucedido «por las lágrimas que derramasteis después de ver la carta en blanco de vuestro hijo...»

El Caballero no acostumbraba a meditar profundamente sobre el porqué de las cosas pero en esta ocasión lo hace y se da cuenta de que «la pena que había sentido era tan profunda que su armadura no había podido protegerle. Al contrario, sus lágrimas habían comenzado a deshacer el acero que le rodeaba».

Llevado por el entusiasmo gritó: «¡Las lágrimas provocadas por sentimientos auténticos me liberarán de la armadura!» Ha logrado dar con la clave que le oxidará la armadura: la alquimia de las lágrimas de auténtico sentimiento que derrama al darse cuenta del problema transmutarán su dureza en ternura. No olvidará, durante todo el tiempo de ascensión a la montaña, esta certeza a la que ha llegado.

La caída de la visera y la luminosidad del sol significan en general el descorrimiento de los velos que tapan la visión y que no deja ver el sendero por donde se transita. Ahora podrá ver, un poco más, la verdad de su sendero.

En el plano físico se le han despertado los sentidos de la vista y el tacto, que tenía ocultos, y ha conseguido sentir el rayo luminoso del sol sobre la cara y la brisa sobre las mejillas.

En el plano de los sentimientos da muestras de haberlos reavivado gracias al rayo de luz de la ternura que sintió por su hijo. La armadura no ha podido protegerle de las lágrimas que le produjeron los auténticos sentimientos que sintió por él.

En el plano de lo simbólico, el Sol representa aquí la intuición del conocimiento. El Caballero ha llegado a la comprensión intuitiva, ha descorrido el velo de la oscuridad mental que le cubría el corazón y puede ver con mayor claridad la realidad.

Se sintió pletórico y con las energías renovadas. Se levantó más rápido que nunca y dijo: «¡Vamos al Sendero de la Verdad!» Cuando descubrimos claves que son transcendentes en nuestras vidas, el cuerpo transmuta las energías negativas en positivas y eso se manifiesta en un mayor vigor físico y en un poder y una claridad mental sorprendentes. Es por eso por lo que el Caballero convaleciente va recuperando su estado natural y las ganas de luchar por una vida más auténtica.

Rebeca y Ardilla tenían los ojos llenos de lágrimas al contemplar lo que estaba sucediendo. Como representan los impulsos vitales, le estaban recordando la renovación de su vitalidad.

Los tres continuaron la ascensión de la montaña. Para el Caballero era un día muy especial y tenía muchas razones para que así fuese.

Empezaba a darse cuenta de lo diferentes que eran los sentimientos que tenía ahora por su hijo de los que tenía antes, pues los de ahora eran sentimientos verdaderos. Por otro lado, se había desprendido de parte de la armadura y se había dado cuenta de cómo podía conseguir que se oxidara. Y, además, había tomado la decisión de entrar en el Sendero.

Debía de sentirse con una sensación extraordinaria, lleno de asombro, de poder y decisión. Todos estos regalos inducen a un estado de apertura de la conciencia que permite contemplar las diferencias en otras formas de vida: «Las diminutas partículas iluminadas por el sol que flotaban en el aire, filtrándose a través de las ramas de los árboles... las caras de los petirrojos, que no eran todas iguales». Esas partículas luminosas son vesículas transparentes de color gris azulado. Se las conoce con muchos nombres, entre otros orgón, prana, ki, etc. Aparentemente invisibles, se pueden observar en el aire, especialmente después de una tormenta, en la montaña o cerca de las fuentes. Es la misma energía que habita en el hombre y se manifiesta como un campo energético. El cuerpo energético humano suministra una estructura matricial de energía sobre la que se desarrollan las células. Dentro de ese cuerpo sutil o etérico vive el cuerpo físico. Ese campo de partículas luminosas es fuente de toda vida. Es una energía benéfica y se asocia con la salud y el equilibrio. Cada una de esas partículas de energía universal guarda un misterio, es el secreto del mismo Universo.

El Caballero aún no comprende cuando Rebeca le dice: «Estáis empezando a ver las diferencias en otras formas de vida porque estáis empezando a ver las diferencias en vuestro interior». No llega a entender el significado, porque la comprensión necesita tiempo.

Sin embargo, tiene la actitud orgullosa de creerse más listo que la paloma y eso le impide preguntarle acerca de los cambios de percepción de la conciencia que se producen en él.

AVISTA EL CASTILLO DEL SILENCIO. Ardilla venía de explorar el campo y regresaba entusiasmada porque había divisado el Castillo del Silencio detrás de la siguiente subida. En lo simbólico, la subida es dificultad, pues, para alcanzar una virtud, es necesario esforzarse y vencer los obstáculos.

Son tantas las ganas que el Caballero tiene de ver el castillo que acelera el paso y llega a la cima del monte sin aliento. El castillo interceptaba el sendero, por lo que obligatoriamente tendría que entrar en él para rescatar la cualidad que contenía: el silencio.

Sufre una decepción al comprobar que la estructura del castillo no era tan elegante como esperaba. Eso significa que el Caballero tiene una percepción pobre de su castillo interior del silencio y le parece que no es hermoso porque está cubierto por la charlatanería. Si en su interior no hay silencio, no podrá contemplar su belleza. Detrás del silencio hay un conocimiento útil y verdadero, pero él aún no puede apreciarlo.

Para hacerse con ese conocimiento profundo del Ser, tendrá que abrirse a la receptividad que proporciona el silencio del ego.

ORÍGENES DE ALGUNOS RASGOS DEL CARÁCTER DEL CABALLERO. En un momento dado, Rebeca le dice riendo: «Cuando aprendáis a aceptar, en lugar de esperar, tendréis menos decepciones».

El Caballero dice que ha pasado casi toda la vida sufriendo decepciones. Recuerda con sentimiento de decepción una escena de cuando era un bebé y se hallaba en la cuna. Esta historia personal que cuenta, junto con otra que aparecerá en el cuarto capítulo, son los únicos indicios de los conflictos infantiles del Caballero que aparecen a lo largo del libro.

Cuando estaba en la cuna creía ser el niño más guapo del mundo, pero su niñera le dijo: «Tenéis una cara que sólo una madre podría amar». Si realmente se hubiera sentido hermoso, no le habría afectado la opinión de otra persona y no habría sentido la gran decepción que sufrió. Sin embargo, ya a esa edad tenía puesta alguna capa de armadura, la cual debía hacer referencia a la presunción, a un complejo de inferioridad, de inseguridad y falta de autoestima. Se había creído hermoso, pero se decepciona al oír que no lo es.

Cabe suponer que quedó traumatizado al sentirse tan feo y, para compensar esa fealdad y la falta de amabilidad de la niñera, al hacerse mayor decidió tapar su físico poco agraciado con una armadura deslumbrante y lograr el prestigio que le otorgaba ser el caballero más importante del reino, con lo cual podía conseguir que todos le admirasen. Además, debía de pensar que las damiselas rescatadas de las garras del dragón estarían obligadas a ser amables y agradecidas con él, a diferencia de su niñera.

También podría ser que proyectara ese trauma infantil en su esposa Julieta, provocando un rechazo hacia ella por el resentimiento que le había causado la niñera. Si el Caballero hubiera aceptado lo que realmente era: el niño más guapo del mundo, no habría entrado en esa contradicción neurótica.

Los animales aceptan y los humanos esperan. Ellos le ayudarán a comprender por qué se decepcionó.

El Caballero, en un acto de sincera humildad, reconoce que los animales son más listos que las personas. Está viendo el impulso vital y la sabiduría que hay en el comportamiento animal: son felices siendo lo que son.

Si es capaz de ver esas cualidades en los animales quiere decir que también puede verlas en él.

Pero Rebeca le explica que el asunto no radica en ser listo, sino en que «los animales aceptan y los humanos esperan», lo que significa que los animales son unívocos y los humanos equívocos, es decir, enmascarados. Los animales hacen en todo momento lo que su instinto les dicta, pero el hombre ha rechazado con su neurosis el sano espíritu salvaje de su instinto y no acaba de aceptar plenamente la condición de humano, con todo lo que eso implica.

Ante la puerta del Castillo del Silencio, la paloma y la ardilla le comunican que no entrarán con él. Le esperarán al otro lado del castillo, porque conocer el silencio interior es algo que tiene que hacer él solo.

De nuevo se siente decepcionado, pues empezaba a amarlas y a confiar en ellas y siente que le abandonan. No les dijo nada porque se dio cuenta de que, como siempre, estaba «esperando». Tenía que cuidarse de la dependencia y aunque estuviera dubitativo ante la entrada, los animales hicieron lo que tenían que hacer, mostrarle la puerta.

Siete claves para meditar

1. *¿Eres auténtico y sincero?*

2. *¿Por qué sendero de conocimiento transitas?*

3. *¿Estás conectado con tu instinto vital?*

4. *¿Disfrutas de la vida?*

5. *¿Te das cuenta de los velos que cubren tu realidad?*

6. *¿Algo de tu armadura se ha oxidado últimamente?*

7. *¿Tienes suficiente coraje para emprender
   un sendero verdadero?*

Cuarta prueba:
el Castillo del Silencio

La armadura psicosomática se manifiesta en la entrada del castillo.

El Caballero entra solo en el castillo, donde todo es silencio. Las rodillas le tiemblan, produciendo un ruido metálico por causa de la armadura.

La interpretación del porqué del ruido de la armadura muscular es que la contracción de los músculos hace que le tiemblen las rodillas. En su vida como caballero debió de tener las piernas rígidas, con poca flexibilidad en las rodillas, lo cual indicaba una necesidad de apoyo extra y delataba cierto sentido de inseguridad en su personalidad. Más adelante, cuando se abre a la ternura y llega a conocerse y amarse, se pondrá de rodillas como acto de agradecimiento. En el plano psicológico, el Caballero tiene su castillo interior inundado de cháchara mental, dándole vueltas a sus pensamientos de forma obsesiva. En el plano emocional, tiene miedo y se siente cobarde, aunque reúne fuerzas y entra valientemente en el castillo. En términos de polaridad, aparece el sonido-silencio.

Cierra la puerta tras de sí, lo cual equivale a poner distancia respecto al mundo exterior y a sus propios sentidos y aquietar la mente, cosas que favorecen la reflexión. Internarse en el castillo significa hacer un viaje de introspección por el castillo del inconsciente para conocer aquello que turba el propio silencio. La puerta simboliza la barrera entre el consciente y el inconsciente.

La antesala del castillo es enorme. El Caballero contempla un fuego en una chimenea grande que no chasquea y tres alfombras en el suelo. Las tres alfombras, al igual que las tres habitaciones reflejan la idea del tres. La interpretación simbólica es la siguiente: el uno es el silencio; el dos, la soledad, y el tres, el ruido mental que había empleado para evitar sentirse solo.

La enorme antesala simboliza el Sí mismo. El fuego es silencioso para recordarle que tiene que rescatar su propio silencio del chisporroteo de su mente.

Las tres alfombras representan las bases interiores de la totalidad de la vida. En los dibujos de la alfombra suelen representarse de un modo simbólico elementos de la Creación o momentos de nuestra existencia que generalmente ignoramos mientras los estamos viviendo. Puede simbolizar al Sí mismo.

Las tres habitaciones que hay en este castillo simbolizan el Proceso de Individuación. Por ellas tendrá que pasar el Caballero, darse cuenta de los conflictos que enturbian su mente y encontrarse cada vez un poco más a sí mismo.

El Caballero transita por el Castillo del Silencio en la polaridad cháchara mental-soledad, trascendiéndola para conocer el Silencio, que es uno de los nombres de la Fuente.

PARA RESCATAR EL SILENCIO DE SU CASTILLO INTERIOR, el Caballero tiene que enfrentarse con su dragón interior y someterle.

El dragón simboliza aquí el parloteo de ideas que secuestran su silencio y que el Caballero ha estado utilizando para huir de la angustia. Sometiendo a este dragón mental rescatará los significados del silencio.

Aunque le resulte doloroso, tendrá que vivir la soledad y el silencio durante el tiempo necesario para conocer la armadura del parloteo mental. Durante ese tiempo, el pensamiento quedará suspendido, permitiendo que surja un conocimiento silencioso.

El Caballero revive la soledad que sentía de pequeño y que había rellenado con fantasías. El silencio del castillo le recuerda cuando su esposa Julieta no le hablaba durante días. Pero este silencio del castillo le produce un impacto mucho mayor y le resulta más doloroso, porque es su propio silencio con el que se confronta.

EL CABALLERO NO PUEDE VER REALMENTE hasta que comprende y por eso se encuentra en el interior del castillo con el alma intranquila. Le sorprende una voz familiar. Es la voz del rey que le dice que está haciendo lo mismo que él, conocerse, y para ello está buscando una puerta en la habitación que le conduzca a otras habitaciones del castillo. Esta puerta de salida representa la apertura hacia otro espacio del conocimiento del Sí mismo que se vivencia con un sentimiento de armonía interior y de unión con una fuerza transcendente, que en el libro se nombra con el Yo verdadero.

No puede ver realmente hasta que desvele el secreto que oculta cada habitación de este castillo y descubra en su interior los ruidos mentales que ahogan el silencio. Una vez que lo haya logrado, podrá ver la puerta que le conducirá a la siguiente sala. En cada habitación resolverá un problema concreto de sí mismo.

El rey, que es un buscador de la verdad y está más adelantado que el Caballero, le hace de compañero y guía. El Caballero mantiene hacia él una actitud de respeto y admiración porque reconoce su mayor grado de sabiduría.

El rey es precavido y protege su proceso de transformación de cara a los otros; de no hacerlo, podría dar lugar a envidias, incomprensión y recelos por parte de los otros. En última instancia, el proceso de búsqueda es un asunto entre el buscador y la Fuente.

El rey es el adelantado. Los súbditos son los que tienen un conocimiento inferior a él, y muy pocos comprenden la verdad. Tiene que hablarles en un lenguaje que entiendan, explicándoles que sus viajes son para ir a las cruzadas, aunque en realidad, viaja por el Sendero de la Verdad. El rey simboliza el consciente racional.

Fue la mente limitada del Caballero la que le hizo quedarse atrapado dentro de su armadura. Ahora se encuentra en el castillo para poder observar su consciente racional, conocer cómo actúa y renovarse.

El rey simboliza la conjunción amorosa entre el consciente y el inconsciente y actúa como un ejemplo de alquimia transformadora para el Caballero que hará consciente lo inconsciente, es decir, traerá al presente los contenidos olvidados y rechazados, actualizándolos.

Asimismo, el rey encarna el recuerdo del héroe y le hace de espejo al Caballero para recordarle la renovación de sí mismo que ha de llevar a cabo. Representa, en lo más abstracto, al hombre universal.

En el rey se concentran los rasgos de la figura del padre, pues es con la benevolencia de un padre como trata al Caballero.

El rey también representa el poder que llega a la tierra desde el cielo. Rey es uno de los nombres con los que se designa la Fuente.

Se pone barreras para protegerse de quien cree que es, pero éstas le alejan de su Yo verdadero.

El rey vuelve al Sendero de la Verdad para conocer más de sí mismo. Como posee mayor conocimiento que el Caballero, se da cuenta de cuándo está atrapado y sabe que la mayoría de la gente está prisionera en su armadura y pone barreras para protegerse de quienes creen que son. Cada día crean nuevas corazas, hasta que llega un momento en el que no pueden salir de ellas.

El Caballero pone su armadura entre el Yo verdadero, el auténtico, y el falso yo, lo ilusorio.

El silencio es algo más que no hablar, es suspender la actividad del yo experimentador para que surja la intuición del corazón.

El rey le presta suficiente ayuda a nuestro héroe y sabe qué papel representa Merlín para el Caballero. El rey le advierte de los inconvenientes de caminar juntos y hablar en el castillo, pues, aunque el vacío sea menos doloroso, si no se alcanza el silencio, no se puede encontrar la puerta de salida de la habitación. Mantenerse en silencio es la clave para verla. Mediante la escucha del silencio el Caballero podrá reconocer los problemas psicoemocionales y encontrar la salida para alcanzar una vida más auténtica. El rey le dice que el silencio es algo más que no hablar. En el silencio interior no hay visualización de colores ni imágenes, la mente se encuentra serena y suspendida en un vacío fértil, mientras que la totalidad de nuestro ser percibe la realidad. El silencio aniquila el yo y aparece un conocimiento silencioso.

NOS PONEMOS MÁSCARAS ante los demás para protegernos de quienes creemos ser.

El rey también le comenta al Caballero que «cuando estaba con alguien, mostraba sólo mi mejor imagen. No dejaba caer mis barreras, de manera que ni yo ni la otra persona podíamos ver lo que yo intentaba esconder».

El Caballero había dado a los demás una imagen engañosa de sí mismo tratando de demostrar que era el caballero más brillante del reino. También se había puesto máscaras ante su familia.

Había puesto barreras para defenderse del miedo a ser vulnerable. Ello se debía a la identificación con el papel que representaba, que no permitía que ni él ni los demás pudieran distinguir lo auténtico de la máscara.

Para no cometer el mismo error de nuevo no irá acompañado del rey por el castillo y así no caerá en la tentación de querer mostrar una imagen distorsionada de sí mismo, por culpa de la arrogancia. Para frenar la compulsión de dar una falsa imagen de sí mismo tendrá que transitar por el otro polo, el de la humildad, la soledad y el silencio; entonces reconocerá sus máscaras. No necesitará presentar ningún tipo de imagen de sí mismo. La soledad y el silencio permiten crear el vacío, eliminando la compulsión de aparentar y dando lugar a la aparición de la autenticidad.

EL CABALLERO PERMANECERÁ UN TIEMPO SUFICIENTE EN EL CASTILLO meditando acerca del silencio.

El Caballero comprenderá lo que el rey le explica si permanece en el castillo el tiempo suficiente. Tiene que gustar de la soledad, que es una medicina amarga pero cuyos frutos son dulces, pues le facilitará la reflexión sobre los conflictos que tapan la armadura que se puso para no sentirse solo y sufrir el silencio.

NUNCA SE ACABA DE VIAJAR POR EL SENDERO DE LA VERDAD, es una clave muy importante que el rey le da al Caballero, lo cual significa que durante toda la vida se transita por este sendero para encontrar la verdad de uno mismo y aproximarse a las luces de la Verdad, que es uno de los atributos con los que también se denomina a la Fuente, cuya esencia nunca se acaba de conocer. Por eso vuelve el rey a ese castillo que oculta la virtud de su nombre. El Caballero es un buscador de la verdad que recorre un camino de perfección para encontrar nuevas puertas que le abran espacios de conocimiento.

El rey se despide del Caballero como de un amigo, aconsejándole que se trate bien a sí mismo, porque es esencial respetarse y cuidarse. Cuidar la propia vida es defender un reino. El Caballero había defendido muchos reinos, pero nunca había cuidado el suyo. Cuidarse hace referencia a la esencia del amor, pero él estaba demasiado alejado de ella.

DERROTAR LA CHÁCHARA MENTAL y conocer el silencio requiere más coraje que todas las batallas que ha librado en su vida como caballero.

Antes de que el rey se vaya, el Caballero le pide que le de un consejo. Mirándole compasivamente, el rey le da otra clave muy significativa que le permitirá diferenciar dos tipos de batallas, la exterior y la interior.

Le dice que este viaje es un nuevo tipo de cruzada. Esto significa que el Caballero luchará contra las Fuerzas del Mal que habitan dentro de él y que están simbolizadas en el dragón. No es una batalla contra dragones exteriores, es una vía para erradicar las impurezas que cubren su corazón, y para ello tendrá que someter bajo su mando las fuerzas negativas que habitan dentro de él, simbolizadas por el dragón o falso yo.

Para salir airoso de la contienda, necesitará la valentía del guerrero, por la dificultad que implica este tipo de batalla. Es la gran batalla de su vida y requiere más audacia que todas las anteriores. Si persevera en mantenerse en soledad y en escuchar el silencio, conseguirá la victoria del vacío fértil sobre el dragón parlanchín.

El rey encuentra la puerta de la habitación, porque se le abre la visión interna. En esos momentos, el Caballero aún no está lo suficientemente libre de lastre mental y no puede ver la puerta por la que sale el rey.

El Caballero admite que tiene miedo de estar solo en el castillo.

Corre por la habitación al encontrarse solo y lo único que puede oír es el sonido de su armadura que inunda el silencio del castillo. Contemplado desde un enfoque psicológico esto significa que a su conciencia acude un torrente de imágenes y escenas de conflictos.

Esta inundación de contenidos mentales le deprime más que nunca, porque jamás había escuchado con tanta atención; al hacerlo, llega al fondo de sus problemas y le afloran sentimientos que había tapado y que en ese momento pulsan en su interior tan intensamente que le desbordan.

Ante el temor que le produce lo que emerge de su mente, intenta defenderse y repite una canción del tiempo de las cruzadas, tratando de encontrar seguridad en su anterior papel de cruzado. «Estaré contigo para llevarte a una cruzada, cariño, y dondequiera que deje mi yelmo, ésa será mi casa».

El canto, en lugar de amortiguar la voz de la conciencia, actúa como detonador de su conflicto emocional, lo lleva a la quietud mental interior y lo arrastra al silencio más absoluto, clarificando su mente. Admite con sinceridad algo que ya sabía en el plano mental, pero que ahora vivencia desde el corazón con una gran intensidad y asume responsablemente: que tiene miedo de estar solo.

Esta asunción le abre una visión más clara de la realidad, simbolizada en el avistamiento de la puerta en la pared más lejana. La lejanía significa que aún está lejos de ver sus miedos en toda su dimensión y saber cómo enfrentarse cara a cara con ellos. La confrontación con el dragón se dará más adelante, cuando se enfrente cara a cara con su falso yo. Éste será uno de los momentos en que viva el miedo en su máxima intensidad. Posteriormente, otro momento será cuando tenga que desprender sus manos de las rocas y dejarse caer al vacío.

La puerta que descubre en la pared más distante comunica con otra sala que se parece bastante a la anterior, aunque es más pequeña y sin sonido. La interpretación simbólica es que, según va recordando gracias al silencio y la soledad el problema que tiene en su inconsciente, va profundizando en el conocimiento de sí mismo,

Su castillo interior del silencio tiene que explorarlo en todo su espacio, sin dejar reductos. El Sí mismo es más grande que el yo, nunca se hace consciente del todo, porque el inconsciente es ilimitado. El inconsciente es como un océano por explorar: cuanta más agua conquiste, menos agua le quedará por descubrir. El Caballero gana terreno a lo desconocido de sí mismo.

FORMACIÓN DEL CARÁCTER DE LA INFANCIA. El Caballero, para pasar el tiempo cuando era pequeño, conversaba consigo mismo. Se dejaba hablar y decía cualquier cosa que le viniera a la mente. Con esa técnica de introspección y asociación de ideas retrocede a su infancia, recordando lo diferente que era de los otros niños, pues, mientras ellos cazaban codornices y jugaban, él se recluía en su casa para leer.

Si unimos esta actitud al trauma que vivió en la cuna cuando la nodriza le hizo sentirse feo después de haber creído que era el más hermoso de los bebés, nos daremos cuenta de lo decisivos que han sido estas experiencias infantiles en la formación del carácter del Caballero, que es intelectual, introvertido y miedoso.

Mientras está reflexionando sobre su infancia, el ruido de la armadura rompe el aterrador silencio y recuerda que siempre sintió miedo de estar solo. Esta apertura de la conciencia queda simbolizada por la apertura de la puerta que se hace visible en el muro. La siguiente habitación le parecerá más pequeña, porque ha reducido el espacio de lo desconocido.

NUNCA HABÍA DISFRUTADO VIVIENDO EL PRESENTE, la profesión de caballero había sido la causa del dolor y la soledad que sufrió Julieta.

Se sienta en el suelo de la sala, como para estar más cerca de la realidad terrena que en la ilusión de las cruzadas. Entonces aflora en él la sensación de haber perdido el tiempo pensando en las cosas del pasado o en lo que iba hacer en el futuro y se da cuenta de que no había disfrutado viviendo el presente, el aquí y el ahora.

Sintiendo la soledad de su castillo interior, el Caballero se pone en el lugar de Julieta y se da cuenta del dolor que le ha estado causando y de la soledad que ha debido sentir en compañía de un hombre envuelto en una coraza, e insensible a los sentimientos. La herida enquistada se abre y siente dolor por todo lo que le había obligado a vivir a Julieta por culpa de su carácter. Había mantenido una postura autoritaria, fría, distante y desconsiderada con ella.

Esta catarsis sume al Caballero en el llanto y le hace sentir una gran ternura. Tras la catarsis le sobreviene un estado de claridad mental y alivio, simbolizado en otra puerta que se abre y le conduce a una segunda sala.

Se da cuenta de que no había prestado oídos a Julieta cuando ésta le hablaba de sus sentimientos, especialmente cuando estaba triste, porque le recordaba su propia tristeza. Se negaba a escucharla porque para él suponía una amenaza y no quería enfrentarse con la realidad. Admite que decidió llevar puesta la armadura todo el tiempo para no escuchar la triste voz de Julieta y que por eso mismo no volvió a abrir la visera del yelmo.

La toma de conciencia de que sus propios conflictos salpicaron a Julieta le sume en un llanto mayor, que hace que sus lágrimas lleguen a la alfombra y a la chimenea y apaguen el fuego.

La alfombra representa la urdimbre de su existencia, en donde el Decreto y el Destino han ido tejiendo la historia del Caballero, que es purificada por el agua de sus lágrimas, extinguiendo el fuego de la chimenea y de sus pasiones.

El fuego simboliza aquí la ira que se apaga por la ternura que aflora en él. Las lágrimas son agua que purifican el comportamiento erróneo. Inundan de tal manera esa segunda sala a la que ha llegado que se habría ahogado de no ser porque de pronto apareció ante sus ojos una tercera puerta.

Ahogarse por las lágrimas representa la necesidad del agua de apagar el fuego de las pasiones y de la aflicción que le asfixiaban. La puerta que se abre representa el alivio que siente después del proceso de catarsis.

ESTÁ LO SUFICIENTEMENTE SILENCIOSO PARA QUE EL YO verdadero se desvele.

Al hacerse el silencio en el Caballero, el Yo verdadero, que siempre estuvo en su interior, se manifiesta diciéndole: «Soy tu Yo verdadero». Le parece que esa voz procede de su interior y eso le confunde.

El Caballero llega a tal límite de confusión que ya no sabe quién es, puesto que no puede llamar «yo» a otro distinto que él, así que el Yo verdadero le propone que le llame Sam. Por un lado, Sam es un nombre muy corriente, además es el nombre de uno de los hijos de Noé y, según algunas interpretaciones, es la abreviatura de Samuel, un profeta. Sin embargo, la razón de esta propuesta parece que tiene más que ver con el significado. En efecto, en lenguas eslavas para decir «yo soy» emplean «jesam». Como Sam simboliza el Yo verdadero, nos remite a la mismidad del ser. Así pues, el estado que logra el Caballero al final del Proceso es tal que podría decir de sí mismo: «Yo soy la Verdad».

Sigue sin comprender y le pregunta al Yo verdadero por su realidad, pero éste le responde que todo no se puede aprender de golpe.

El Yo verdadero emerge, demostrando la falsedad del otro yo con el que el Caballero se manejaba. Estos «yo» son los extremos de una polaridad. El Yo verdadero está sometido al corazón y el falso yo es el estado salvaje y descontrolado.

El Yo verdadero sabe que el proceso tiene su propio ritmo de asimilación, por lo que sugiere al Caballero que duerma.

SE SUMERGE EN UN PROFUNDO Y DULCE SUEÑO que se explica porque, en la catarsis, el cuerpo libera la energía bloqueada en forma de lágrimas, emociones, tensión muscular y conflictos psicológicos y, después de la descarga, aparece un alivio especial, pues la energía renovada fluye por todos los sistemas del Cuerpo-Mente. El Caballero está centrado en sí mismo, aunque el resto del mundo haya desaparecido para él y no sepa dónde está.

Al despertar se encuentra con Ardilla y Rebeca, que están sentadas sobre su pecho, lugar del cuerpo donde se asientan los sentimientos. Se da cuenta que de nuevo está en el Sendero de la Verdad y de que ha traspasado el castillo.

Las llaves que abrieron las puertas de su castillo interior del silencio fueron la reflexión y la comprensión. La capacidad para discernir es imprescindible en el Proceso, pues nos permite diferenciar entre los dos «yo» y encontrar la verdad. Le asaltan dudas sobre si el Yo verdadero sería un simple producto de su imaginación, ya que en el estado de catarsis y trance se produce un cambio de percepción de la conciencia más acorde con la realidad; pero al desaparecer ese estado, la mente racional y analítica perturba la percepción intuitiva y le hace dudar de si lo vivido es ilusión o realidad. Merlín le confirmará la realidad de su encuentro con el Yo verdadero.

EL YELMO DESAPARECE DESPUÉS DE LA CATARSIS. El Caballero se lleva las manos envueltas en acero a la cabeza y se da cuenta de que el yelmo ha desaparecido. Creía haber estado en el castillo sólo una noche y pensaba que en ese tiempo se le había oxidado el yelmo, pero Ardilla y Rebeca le dan a entender que ha pasado un tiempo tan largo que Ardilla ha sido capaz de recoger cinco mil nueces.

Merlín le dice: «Permanecisteis en el Castillo del Silencio por un largo tiempo». Esta percepción errónea del transcurso del tiempo se debe a que, para escuchar al Yo verdadero, hay que detener la mente racional y hacer el silencio. Ha de aparecer un estado de no-mente en el que se acrecienta la conciencia y en el que la percepción del tiempo cronológico es diferente del vivenciado.

La noche simboliza aquí la noche oscura del alma, donde el yo experimenta mediante la catarsis los conflictos que perturbaban su conciencia. En esta noche de la desolación del alma el Caballero está inmerso en las sombras y en la ausencia del Yo verdadero y de las luces de la Fuente. Es un estado de contracción interior. Paradójicamente, es en la noche de la desolación cuando la Fuente está más próxima al Caballero que en los estados de expansión. Pero no hay oscuridad sin que al otro lado exista la luz; por eso, después de la noche oscura, el Caballero se purifica de los conflictos que le indujeron al estado de angustia y logra encontrarse con su Yo verdadero y gozar de las luces de la Fuente.

ESTAMOS CREADOS DEL MISMO HÁLITO DE LA FUENTE. El Caballero no comprende este cambio de noción del tiempo y llama a Merlín, que aparece en escena como adivinando que le necesita, pues sabe lo que pasa por la mente del Caballero. Le dice que somos parte el uno del otro.

En el nivel de lo engendrado, la Creación está hecha del mismo hálito creador de la Fuente. Ese hálito se llama Gran Compasión. El Caballero es un microcosmos y en él está contenido todo el Universo; por lo tanto, Julieta y él son parte el uno del otro. En el nivel de lo relacional-afectivo, el Caballero reconoce haber comprendido a Julieta, porque ambos han convivido y compartido sus vidas como pareja.

SIENTE UN NOBLE ORGULLO por haber vivido el dolor y haber derramado lágrimas por Julieta.

La primera vez que el Caballero lloró fue por su hijo Cristóbal; en esta ocasión lo hace pensando en su mujer. Vuelve a cumplirse el vaticinio del bufón Bolsalegre, al decirle que cuando desapareciera la armadura, sentiría el dolor de los demás. Julieta había sido la persona que más había sufrido los efectos de la armadura.

El Caballero siente un sano orgullo por haber vivido desde el corazón esos sentimientos por Julieta, tan acorde con su naturaleza humana y divina. No es un orgullo que proceda del falso yo; por el contrario, es un noble orgullo que procede del Yo verdadero.

Sabiéndose descubridor de estos sentimientos, el Caballero no se desanima cuando Merlín le frustra diciéndole que no tiene razón para sentirse orgulloso. Pero, el corazón del Caballero ha sido tocado y no es de extrañar que valore tanto esos sentimientos que con tanta intensidad experimenta por primera vez.

MERLÍN LE CONFIRMA QUE EL YO VERDADERO es más real que el falso yo.

Otra de las mayores claves del libro se da en el momento en que Merlín le confirma como real el encuentro con su Yo verdadero. Certeramente y con precisión, Merlín le dice que este Yo verdadero que emerge cuando el falso yo se desvanece es más real que el falso yo con el que el Caballero se había manejado hasta ese momento. Es más auténtico porque le hace vivir en una realidad más acorde consigo mismo y tener más certeza de los estados del corazón.

LA LOCURA LO CURA. El Caballero ha rozado los límites de la locura en los estados de catarsis, al escuchar por primera vez al Yo verdadero que le confunde, pero Merlín le tranquiliza asegurándole que no se está volviendo loco.

Lo que importa al Caballero es la búsqueda de sí. Lo que él cree locura es en realidad autocuración. La locura lo cura y le da cordura.

SIETE CLAVES PARA MEDITAR

1. *¿Cómo se manifiesta tu cháchara mental?*

2. *¿Cómo vives la soledad y el silencio?*

3. *¿Sabes que el viaje hacia la Fuente nunca acaba?*

4. *¿Tienes suficiente coraje para aquietar tu mente?*

5. *¿Disfrutas el aquí y el ahora?*

6. *¿Cómo vives la cordura-locura?*

7. *¿Qué vivencias tienes de tu Yo verdadero?*

QUINTA PRUEBA:
EL CASTILLO DEL CONOCIMIENTO

EL CONOCIMIENTO SILENCIOSO ES VERDADERO CONOCIMIENTO DE LA REALIDAD. El conocimiento que busca el Caballero es un conocimiento espiritual. Se distingue del resto de las ciencias en que éste es ante todo una vivencia y la aplicación de una sabiduría que nuestro héroe recibe a través de Merlín, el rey, Julieta y los animales que le acompañan.

El conocimiento es un anhelo de aproximación a la Fuente en cuanto Realidad transcendente. Sólo se puede hablar de grados de conocimiento. El Caballero, a través de las siete pruebas, consigue un grado de conocimiento o realización espiritual cada vez más elevado.

En el proceso de maduración, el Caballero ya no irá en busca del poder, la fama y el reconocimiento de los demás. Encontrará dentro de sí un poder incalculable, al poner su coraje de guerrero en acción, y dará un salto mortal al vacío sobrepasando el límite del pensamiento. Comenzará entonces a ver con los ojos del corazón algo más profundo que no tiene que ver con la imaginación, sino con la esencia de la realidad. Aprenderá a conocer de un modo directo e intuitivo sin necesidad de la palabra, y alcanzará un conocimiento silencioso en el que la conciencia está expandida.

EL CASTILLO DEL CONOCIMIENTO FUE CREADO POR LA FUENTE, que es el origen de todo conocimiento.

El Caballero, Ardilla y Rebeca continuaron el viaje por el Sendero de la Verdad en dirección al Castillo del Conocimiento. Se había hecho más consciente de la necesidad de cuidarse y ponía mayor empeño en mejorar su aspecto; se afeitó la barba y se cortó su larga cabellera, lo que le produjo una sensación de mayor libertad. También empezó a cuidar su forma de alimentarse, pues, al haberse desprendido del yelmo, podía tomar frutas y raíces sin que Ardilla le tuviera que triturar la comida, lo cual quiere decir que estaba recuperando su capacidad de supervivencia, sus hábitos naturales y logrando una mayor independencia.

Después de caminar con dificultad avista el Castillo del Conocimiento que le parece mayor que el Castillo del Silencio. Se da cuenta de que la puerta es de oro, que simboliza el Sí mismo y también el gran valor del Conocimiento Verdadero que ni el tiempo ni las mentes pueden cambiar. Es también una señal de las nobles cualidades que va buscando dentro de él y, de aquello que se va a encontrar, la luz inmutable del amor, que brilla con luz propia.

La impresionante estructura del castillo le parece la más grande que ha visto en su vida, incluso era más grande que la que él construyó. El gran tamaño significa que el conocimiento de la Fuente no tiene límites. Es el ser humano el que, al alejarse de Ella, lo reduce y divide, poniendo velos de oscuridad entre la Fuente y él.

Se pregunta quién habrá sido el constructor del castillo, a lo que Sam, la voz del Yo verdadero, le responde que lo hizo el propio Universo, que es la fuente de todo conocimiento. Igualmente podía haber dicho Dios o Unidad. En realidad, el propio universo o cosmos es una creación espacio-temporal hecha con la fuerza de Dios. En verdad, la

Creación es una consecuencia de los atributos de Dios, pero no es Dios. Los ángeles son los agentes que se encargan en todo momento de su construcción por orden y el poder de Él, son las fuerzas formativas.

EL CONOCIMIENTO ES LUZ QUE DISPERSARÁ LAS TINIEBLAS E ILUMINARÁ EL CAMINO. El Caballero se siente sorprendido y complacido al escuchar de nuevo la voz de Sam. Éste le recuerda al Caballero que es el único real y que siempre estuvo en su interior. Cuando nacemos venimos con el Yo verdadero, pero el aprendizaje puede poner barreras que nos alejan de él. Mantienen un diálogo de bromas e ironías con el que el Caballero disfruta mucho, algo poco habitual en él.

Al llegar ante la puerta dorada se detienen. Con la llave que trae colgada al cuello el Caballero abre la puerta y entran los tres, porque el conocimiento es para todos y la Fuente lo entrega a todas Sus criaturas.

En el Castillo del Silencio no había podido entrar acompañado, porque el silencio es algo que cada uno tiene que lograr deteniendo su mente.

Cuando atraviesan la puerta se encuentran con que la oscuridad es tan densa que el Caballero no puede verse ni su propia mano. La oscuridad simboliza el desconocimiento, pues el Caballero aún está atrapado en las tinieblas de la ignorancia. También simboliza la Sombra, es decir, lo desechado y olvidado de uno mismo, además de la noche oscura en la que debe purgarse de todo aquello que conduce a la necesidad, la ambición, la dependencia, la angustia y la ignorancia.

Ya dentro del castillo irá viendo unas brillantes inscripciones en las paredes cuyo significado habrá de descubrir al descorrer los velos de su oscuridad interior. Aunque reine la oscuridad, las inscripciones tienen el poder de brillar, porque son conocimiento que arroja luz sobre la mente.

En este castillo aparecen tres inscripciones que son clave para que el Caballero alcance el conocimiento. Ardilla es quien le señala una que brilla sobre la pared y que dice: «El conocimiento es la luz que iluminará vuestro camino». La parte sana del Caballero, el Yo verdadero, que es el que posee el conocimiento, le habla del significado, diciéndole: «Cuantas más cosas sepas, más luz habrá en el interior del castillo». Esa sapiencia hace referencia a un conocimiento verdadero y útil —y no a una simple información o colección de datos— que lleva a conocerse a sí mismo y a aproximarse a la Fuente, con lo cual podrá alumbrar el castillo donde en ese momento mora o, lo que es igual, iluminar su propio castillo interior del conocimiento.

Al comprender ese enigma, un rayo de luz se filtró en la habitación. Ese rayo simboliza un insight, es decir, el momento de toma súbita de conciencia de la solución al problema que le plantea la inscripción. En ese instante es cuando se hace la luz del conocimiento en el castillo interior del Caballero. El rayo de luz simboliza también el poder de la Fuente.

HABÍA NECESITADO A JULIETA Y A CRISTÓBAL MÁS DE LO QUE LES HABÍA AMADO, porque no se amaba a sí mismo. Ahora, al centrarse en su batalla interior, podrá conocerse y, por lo tanto, llegará a amarse.

Ardilla le muestra otra brillante inscripción grabada en la pared: «¿Habéis confundido la necesidad con el amor?». El Caballero no se atreve a resolver el enigma y se impacienta y, aunque la oscuridad le intimida, trata de internarse por el castillo y atravesarlo. Sin su espada se siente inseguro.

Pero, en ese momento, la espada que verdaderamente tiene que manejar para descifrar las claves es la del discernimiento. En el caso de no utilizar ese arma se perdería en la oscuridad de su castillo interior y no encontraría la luz del conocimiento.

Por fin descubre el significado de la inscripción, al darse cuenta de que había necesitado a Julieta más de lo que la había amado. La necesidad implica carencia y el amor implica plenitud. Como el Caballero no se amaba a sí mismo, la relación que establecía con los demás se basaba en la necesidad y no en el amor. Aquí hallamos la clave fundamental de las enseñanzas del libro: toda nuestra existencia gira en torno al amor. Se dice que por desbordamiento de amor hizo la Fuente la Creación. Todo está hecho con la fuerza del amor, el Amoroso es uno de los nombres de la Fuente.

Rebeca le indica que posiblemente lo que aprenderá en el castillo será que dispone de todo el tiempo del mundo. Ahora bien, lo esencial es que deberá emplear este tiempo en cuidarse. Es muy importante no escatimar dedicación a uno mismo, ya que en esto estriba el método curativo. Cuidarse es amarse.

El Caballero había pasado mucho tiempo necesitando la inteligencia de Julieta, su encantadora poesía y todas las atenciones que tenía con él cuando estaba atrapado en su armadura. Era una buena ama de casa, confeccionaba vestidos, hacía las mudanzas de los castillos, mantenía su castillo limpio y todos los que el Caballero le daba para limpiar; pero él no limpiaba, no fuera que le recordase que también tendría que limpiar su castillo interior. No se daba cuenta de toda la ayuda que le prestaba su esposa, porque no la valoraba. De pronto recordó cómo se había puesto ella cuando no pudo tocarlo por causa de la armadura y muy mal debió sentirse como para tomar el hábito de ponerse debajo de los toneles de vino. El Caballero comprendió que tenía una venda en los ojos.

Reflexionando sobre todas estas cosas, el Caballero admite lo ciego que había estado y llora. A continuación pasa por su mente algo que le aterroriza: se da cuenta de que no sólo se siente culpable del comportamiento que había tenido con Julieta, sino que además le había echado la culpa de todos sus problemas, incluso de haberse quedado atrapado en su armadura. Había proyectado sus propios conflictos en ella y había creído que él era un ser puro, porque se entregaba a la causa justa de las cruzadas.

Sigue llorando, se da cuenta de lo injusto que ha sido con ella y admite que la había necesitado por todas esas cosas, más que por amor.

Con el llanto recuerda a su hijo Cristóbal y comprende que le había necesitado porque quería que se convirtiese en caballero como él, para que batallara a su lado. Aunque amaba a su hijo y disfrutaba cuando le decía: «Te quiero papá», en realidad ese amor era más bien una necesidad que una entrega.

Y no solamente había estado necesitado del amor de su familia, sino también del de todas las damiselas que había rescatado y del de toda la gente a la que había ayudado, porque no se amaba a sí mismo. Su entrega a los demás se debía a un interés para conseguir algo de amor y llenar el tremendo vacío que sentía. Siempre había tenido miedo a mirar hacia adentro y descubrir la inmensa inseguridad y la falta de amor, pues había perdido el contacto consigo mísmo y con su Yo verdadero.

Pero el Caballero aún lloró más al advertir que, si no podía amarse a sí mismo, no podría amar a los demás. La necesidad era una barrera que se interponía entre los demás y él. Al asumirlo, una hermosa y resplandeciente luz iluminó la gran sala del castillo, desplazando la oscuridad. Eso significa que, al vivenciar el Caballero su propia tragedia y darse cuenta de la realidad, se hace en él la luz del conocimiento, desapareciendo la ilusión y la ignorancia que ensombrecían su existencia.

Sin haber sido llamado, Merlín aparece en escena y le conforta poniéndole la mano sobre el hombro y sonriéndole. Le confirma lo que acaba de descubrir: que sólo podrá amar a los demás en la medida en que se ame a sí mismo.

LA VERDAD ES AMOR Y LA LUZ DEL CONOCIMIENTO ES BELLEZA. Merlín le pregunta al Caballero si conoce la verdad, porque ésta es amor. Es amor, porque es sinceridad y autenticidad; está libre de impurezas y proviene de una luz directa de la Fuente. Como el Caballero conoce lo que es verdad dentro de él, lo que tiene que hacer es mostrarse verdadero y auténtico, y así nada le impedirá amarse.

Al sentirse consolado y aliviado, porque sabe que conoce la verdad, percibe una luz muy diferente de cualquier otra luz vista antes, porque la luz del conocimiento no es una luz física, sino una luz sutil y espiritual, diferente de cualquier otra. Le resulta tan desconocida que no sabe si viene de algún lugar específico o de todos a la vez, y aunque se queda sin saber de dónde viene, toda la ciencia del conocimiento transciende en él y siente que no hay nada más hermoso que esa luz, porque está más próxima a las luces de la Fuente y a sus atributos de Luz, Belleza, Verdad y Amor, que también están en el castillo interior del Caballero.

La Belleza y la Majestad son los dos grandes atributos que contienen a todos los demás que son cientos, tantos como cualidades de la existencia. La Belleza la vive el Caballero cuando percibe el despliegue de la hermosura de la Naturaleza, siendo un estado de expansión y de amoroso deleite. La Majestad hace referencia a los estados de apretura en la noche oscura de la desolación del alma, el dolor y el sufrimiento que siente cuando se da cuenta de sus errores, el miedo cuando se enfrenta con el dragón y el pánico de caer al precipicio en la séptima prueba.

CUANDO DESARROLLE EL POTENCIAL que hay dentro de él podrá realizar su proyecto vital, que es dejar que aparezca el Hombre Perfecto que habita en su interior.

El Caballero se despidió de Merlín y le agradeció que hubiera aparecido sin que él tuviera que llamarle.

Mientras tanto, Rebeca apareció volando desde la oscuridad y guió al Caballero y a Ardilla hacia un espejo grande que no era común y corriente como los que reflejan el aspecto externo, sino de otro tipo pues refleja cómo se es de verdad; pero el Caballero siente entusiasmo, porque desconoce el secreto que oculta el espejo.

Toda la Creación es un espejo de la Fuente en la que se contempla. Como también es un espejo el maestro para el buscador de la verdad. Cuanto más conocimiento tenga el maestro, más pulido estará su espejo y más capacidad tendrá para reflejar con nitidez la realidad del buscador, tanto las cualidades positivas como las negativas, tanto lo verdadero como lo falso.

El Caballero contempla su imagen ante el espejo y se sorprende al ver una persona encantadora y vital cuyos ojos brillan con amor y compasión, todo lo contrario de la imagen de un hombre con ojos tristes y nariz grande, embutido en una armadura hasta el cuello. Sam le explica que está viendo a su Yo verdadero que mora detrás de la armadura. El Caballero no da crédito a lo que ve y, al contemplar con más atención, descubre que el hombre que aparece reflejado es un espécimen perfecto con un rostro que refleja inocencia y belleza. Ha descubierto su yo original, su rostro adámico en la manifestación del espíritu. Esta imagen es la del arquetipo del Hombre Perfecto, Hombre Universal o Niño Divino que, en su inmanencia es pura inocencia, belleza y amor.

Sam le dice que ser hermoso, inocente y perfecto es su verdadero potencial, que no ha podido desarrollar porque había puesto un búnker de armadura invisible entre él y sus verdaderos sentimientos durante tanto tiempo que se fue haciendo visible y permanente por la acumulación de conflictos psicoemocionales.

El Caballero había ocultado sus sentimientos y no los había expresado por temor a que los demás no le quisieran. Vivía de cara hacia los demás, no siendo él mismo y no mostrándose tal como era. Había pasado la vida intentando agradar a la gente, ejerciendo de cruzado, matando dragones y rescatando damiselas en apuros para demostrar que era bueno, generoso y amoroso, porque, en el fondo, tenía un complejo de inferioridad. En realidad era bueno, generoso y amoroso en lo más profundo de su ser, pero tenía que actualizar esas cualidades y madurar como ser humano.

El falso yo del Caballero le dice que ha desperdiciado toda la vida, pero el Yo verdadero responde que no lo había malgastado, era necesario pasar por todas esas experiencias y aprender toda una serie de cosas que le son útiles para llegar a donde está en ese momento.

Llevado por un sentimiento de autocompasión siente ganas de llorar, pero el Yo verdadero le advierte que esas lágrimas no son las que oxidan la armadura porque provienen del falso yo. Éstas refuerzan aún más la armadura, ya que la persona continúa encadenada a sus defensas tiranizando a los demás, llamando la atención con sus lloriqueos y sintiendo un extraño placer-dolor en su condición de «pobre de mi». El Caballero se enfada e intenta acabar con Sam, la voz de la conciencia.

Al mirarse de nuevo en el espejo ve reflejadas las cualidades de amabilidad, compasión, amor, inteligencia y generosidad. Todas esas cualidades podía rescatarlas simplemente reclamándolas, porque siempre las había tenido retenidas en su interior.

Al comprenderlo, la hermosa luz brilló de nuevo más intensamente que antes e iluminó toda la habitación, revelando su secreto: la sala era gigantesca y la única del castillo. En lo simbólico significa que en el castillo interior del Caballero brilla la luz del conocimiento y que el verdadero Conocimiento procede de la Unidad, que es Verdad, y por lo tanto, no se puede compartimentar o dividir. Al buscador que ha alcanzado el Conocimiento se le llama «lumínico», por la luz espiritual de origen ultraterrenal que emana de su persona. Los ángeles, que son seres de luz, despliegan sus alas sobre aquel que busca el conocimiento.

LA AMBICIÓN DEL CORAZÓN DA LA FELICIDAD Y LA QUE PROVIENE DE LA MENTE LA QUITA. El castillo tiene un patio y, en su centro, un gran manzano que representa el Árbol del Conocimiento del Jardín. También significa la ambición de ser otra cosa de lo que la Fuente ha decretado para el ser humano como, por ejemplo, la ambición de ser ángeles. El patio con el árbol simboliza el Yo verdadero.

El frutal tiene las manzanas más rojas y brillantes que el Caballero ha visto jamás y representa la culminación del ser manzano entregando su fruto en todo su esplendor. La manzana es símbolo del Sí mismo porque es la expresión de la plenitud conseguida. También simboliza la fecundidad, la fruta que garantiza la vida.

El Caballero tendrá que desarrollar su proyecto vital existencial y entregar el fruto a los demás y, de ese modo, vivirá.

En una losa que hay junto al manzano ve una inscripción que dice: «Por esta fruta no impongo condición, pero ahora aprenderéis acerca de la ambición». Los enigmas que tiene que descifrar implican una dificultad cada vez mayor y necesitan un nivel más elevado de conocimiento.

El significado de esa inscripción es que el manzano entrega la fruta porque está en la semilla fructificar y llegar a ser lo que está decretado para él. No tiene ninguna ambición de ser otra cosa que manzano. Un manzano es un manzano. En el reino mineral, en el reino vegetal y en el reino animal no existen las ambiciones, son lo que tienen que ser y recuerdan en cada instante a la Fuente.

Rebeca y el manzano se manifiestan como lo que son, y son felices; sin embargo el Caballero, con su falso orgullo increpa a Ardilla y Rebeca y dice que los humanos tienen mentes más complicadas para ser mejores, por eso quiso él ser el mejor caballero del reino y se desvió de su ser. Pero el Caballero es un animal enfermo con capacidad de autorreflexión; la Fuente hizo la Creación para él, pues el hombre es el representante de la Fuente en la Tierra. La cura está en volver la mirada a la Fuente.

Merlín le dice que nacemos hermosos, inocentes y perfectos y que esas cualidades siempre están en el corazón. Eso significa que, siendo la Creación perfecta, incluso en sus aparentes imperfecciones, el hombre nace en estado de perfección y, según va desarrollándose desde pequeño, va alejándose del estado de inmanencia debido a los condicionamientos. El estado luminoso se puede recuperar quitando los velos que cubren las luces del corazón. En el caso del Caballero quitarse los velos quiere decir superarse con una ambición que provenga del corazón y que es la única que puede darle la felicidad. La ambición del corazón es pura, no compite ni hace daño a nadie y es beneficiosa para uno mismo y para los demás.

En cambio, la ambición que proviene de la mente sirve para conseguir cosas materiales e información, pero no da la felicidad. El Caballero había confundido la necesidad con la codicia y se había dejado arrastrar por un deseo inmoderado de riquezas y de fama. Lo que verdaderamente es necesario carecía de interés para él. Su enmarañada mente estaba ocupada intentando ser feliz comprando castillos, caballos y yendo a las cruzadas, pero no se daba cuenta de que la compasión, el altruismo y el discernimiento son joyas más valiosas que todo lo material, aunque sea importante satisfacer las necesidades materiales imprescindibles.

Del árbol que recibe la misma energía vital que él y los mismos elementos —tierra, agua, sol y aire— podrá aprender algo importante: que no teniendo ambición será capaz de desarrollar su potencial en beneficio de los demás. Si descubre este secreto, podrá dar frutos y tener prosperidad. Para ello tendrá que moverse y poner en acción sus estrategias, pero también tendrá que tener momentos de quietud y reflexión, de lo contrario saldría en todas las direcciones a la vez y acapararía todo lo que pudiera. No es la Fuente la que daña al hombre, sino que es él quien se daña a sí mismo y es responsable de ello.

El Caballero se da cuenta de que ha sido su ambición mental la que le llevó a cargarse con la armadura que le provocó un aspecto deplorable, una salud deteriorada, un estado de malnutrición y nerviosismo que le dejaba exhausto.

Comprende que tiene que introducir un cambio, aunque le inspire temor el hecho de tener que llevarlo a cabo, y decide afrontar el riesgo, ya que, si lo ha perdido todo, ¿qué más podría perder?

Estas reflexiones le llevan a prometer que, a partir de ese momento, sus ambiciones provendrán del corazón. Mientras pronuncia esa promesa, el castillo y Merlín, que eran los poseedores del conocimiento, desaparecen, puesto que el Caballero ha reconquistado el conocimiento de su castillo interior, y entonces se da cuenta de que ha vuelto de nuevo al Sendero de la Verdad con sus animales de compañía.

LA ARMADURA DE PIERNAS Y BRAZOS DESAPARECE. En un momento dado, el Caballero se arrodilla junto a un arroyo para beber agua y se da cuenta de que la armadura que le cubría brazos y piernas se ha oxidado y caído. En el plano simbólico, el agua significa conocimiento y purificación. El Caballero había pasado la prueba y había rescatado el conocimiento después de haberse purificado de la herrumbre de la ambición.

Con los brazos y las piernas desarmadas podrá abarcar y abrazar mejor al mundo. Las piernas y los pies libres le darán un mayor sentido de la realidad y por lo que el Caballero estará más enraizado en la tierra.

Los brazos, las manos y los pies, que actúan como canales, podrán expresar mejor los sentimientos y transmitir y generar acciones provenientes de la ambición del corazón. El Caballero se ha abierto al mundo desde un plano más real.

Reflexiona sobre el extraño fenómeno de la percepción del transcurrir del tiempo. Cuando estaba en sintonía consigo mismo, el tiempo transcurría con rapidez y, sin embargo, pasaba con suma lentitud cuando sentía la necesidad de los demás y no recibía lo que pretendía.

De su armadura ya sólo le quedaba el peto. Habiéndose quitado tanta coraza no es de extrañar que se sintiera más ligero y joven que en los últimos años y mejor que desde hacía mucho tiempo.

Con las piernas desembarazadas del peso de la armadura y con el paso firme de un joven parte hacia el Castillo de la Voluntad y la Osadía, acompañado de Rebeca, que va volando sobre su cabeza, y de Ardilla, que corretea junto a sus pies. En lo simbólico, el Caballero ha liberado sus brazos que, como alas, tocan el cielo, y sus piernas caminan con más soltura sobre la tierra. El conocimiento silencioso le ha permitido comprender su realidad entre el Cielo y la Tierra.

Siete claves para meditar

1. ¿Diferencias entre conocimiento e información?

2. ¿Experiencias la existencia de la Fuente?

3. ¿Necesitas a los demás más que les amas?

4. ¿Te quieres lo suficiente?

5. ¿Sabes que estás hecho de las mejores cualidades?

6. ¿Estás desarrollando tu verdadero potencial?

7. ¿Diferencias entre la ambición del corazón
y la ambición de la mente?

Sexta prueba:
El Castillo de la Voluntad y la Osadía

La VICTORIA SOBRE EL DRAGÓN simboliza la muerte del falso yo y el renacimiento del Yo verdadero.

El simbolismo que Robert Fisher da al dragón coincide con el significado que se le ha dado siempre en Occidente. Representa el ego, las Fuerzas del Mal, la reconciliación de los opuestos y la fuerza vital del hombre.

El héroe tiene que matar al dragón para rescatar a la damisela cautiva que simboliza al ánima. La diferencia aquí está en que, al someter al dragón, el Caballero rescata aspectos muy concretos del Yo verdadero, como la voluntad, la osadía, el coraje y el conocimiento de sí mismo

El Caballero había matado muchos dragones y rescatado muchas princesas en apuros, pero llegó un momento en el que se sentía incompleto, y fue entonces cuando emprendió la aventura más importante de su vida: la conquista de la plenitud ansiada.

El dragón de la sexta prueba no se corresponde al Dragón Celestial o Alado de la mitología china, que simboliza el poder benéfico y el conocimiento, sino al Dragón Demoníaco de Oriente Medio. Aunque una visión más profunda de ese dragón satanizado o divinizado también representa la experiencia humana de lo Absoluto. Además, es un reflejo de la personalidad no expresada del Caballero y representa la posibilidad de enfrentarse con la realidad.

Ese dragón tampoco tiene nada que ver con el dragón que simboliza las fuerzas telúricas de Gaia, la Tierra.

El dragón interior (el ego) es irreal, pero, al matarlo simbólicamente, el Caballero eliminará su propia fantasía y renacerá de nuevo a la vida.

Vencerá a su dragón interior y lo someterá, pero no lo matará en el sentido de acabar para siempre con él. Asumirá la existencia del yo experimentador, puesto que es necesario en esta vida, como también es esencial que lo ayunte con el espíritu y el cuerpo; de ese modo, reconciliará a las dos fuerzas, la del bien –el Yo verdadero– y la del mal –el falso yo–, para transcenderlas y unirse a la Fuente.

Un castillo de muy difícil acceso. El Caballero, Ardilla y Rebeca emprenden sin demora la andadura por el Sendero de la Verdad al día siguiente de haber salido del Castillo del Conocimiento. Salen al alborear, como si trataran de apartar las tinieblas de la noche y abrirse valientemente a la luz del oriente.

Se encuentran con el Castillo de la Voluntad y la Osadía, que es el más alto de todos. Sus muros parecían más gruesos, como si quisieran mostrar las cualidades de su nombre, ya que sólo un héroe osado y de férrea voluntad podría salir airoso de la prueba que ocultaba.

Como contagiado por el semblante del castillo, el Caballero confía en que podrá atravesarlo rápidamente. Los tres cruzan el puente levadizo. El puente representa la Voluntad de Poder de pasar al otro lado, es decir al campo de batalla. En la confrontación está la superación de sí mismo y el encuentro con su Yo verdadero.

PARA PODER ENCONTRARSE CON EL DRAGÓN fue para lo que el Caballero tuvo que superar paulatinamente las pruebas anteriores. Al salir airoso de ellas se fue preparando para este gran enfrentamiento.

Justo en la mitad del camino –entre el puente levadizo y la puerta del castillo–, la puerta se abre de golpe, como si el fantasma del castillo quisiera asustar al Caballero y poner a prueba su temple. Saliendo del interior aparece un «enorme y amenazador dragón, cubierto de relucientes escamas verdes».

Echaba grandes llamaradas de fuego por la boca, ante lo cual el Caballero, preso de espanto, se quedó paralizado. Significa en lo simbólico que desde el castillo interior del Caballero aparece el ego y se manifiesta como una bestia.

Aunque estaba habituado a ver muchos dragones, ninguno era como éste. Debió de causarle un gran temor al ver que no sólo echaba llamas por la boca, sino también por los ojos y los oídos.

Significa que la boca, los ojos y los oídos son tres aberturas de comunicación con el exterior, tres sentidos con los cuales el Caballero había tenido serios problemas.

La boca representa todas las palabras sin sentido que había dicho y el sufrimiento que tuvo que tragar. Los ojos hacen referencia al mundo ilusorio que había visto y a cómo trató de demostrar que era bueno, amoroso y generoso. Los oídos expresan todo aquello que nunca quiso escuchar: la familia, las damiselas en apuros que no querían ser rescatadas, el silencio y el Yo verdadero.

El fuego es el gran agente de transformación. Quemará las cosas superfluas sin que el Caballero perezca en él. En un sentido psicológico equivale al fuego de las reacciones emocionales y de las pasiones tales como el miedo, la cobardía y el orgullo. Si el dragón se manifiesta lanzando llamaradas de fuego y bufando, también el falso yo se expresa de un modo parecido. Si durante el Proceso no hubiera vivencia del fuego de los conflictos, de la rabia, del furor y de las pasiones, la cura no tendría lugar porque es necesario traer al presente los conflictos enquistados y, reavivándolos, volver a vivir el fuego y el dolor que produjeron en su tiempo, para que no reaparezcan en nuestra vida. La vivencia de las emociones acelera el proceso de maduración. Y esto es lo que hace el Caballero a lo largo de las siete pruebas por las que pasa: traer al presente el recuerdo del fuego de los conflictos que podrán ser apagados con el agua de sus lágrimas de auténtico sentimiento.

Trató de hacerse con su espada, olvidándose de que en la segunda prueba se había desaferrado de ella. La espada que tiene que empuñar ahora es la de la voluntad y la osadía.

El Caballero tiembla de miedo ante tan enorme bestia. No comprende por qué aparece ese dragón si Merlín le dijo que no encontraría dragones en el Sendero de la Verdad. Pero éste no es como los anteriores que había matado, ya que puede leer la mente de los hombres, lo cual quiere decir que el ego puede autoanalizarse, leer en su propia mente; pero la autoobservación y el darse cuenta de quién es le da pánico al Caballero.

Con una voz débil e irreconocible –la voz de la cobardía–, pide ayuda a Merlín, que no aparece, porque es asunto del Caballero enfrentarse solo con su falso yo.

El dragón ruge, haciendo que tiemblen los árboles. No es el rugido de un dragón común, sino el reflejo del yo experimentador en el estado de falso yo. Como el árbol simboliza al hombre, significa que el falso yo puede hacer temblar a los hombres.

AL COMIENZO DE LA PRIMERA CONFRONTACIÓN con el dragón el Caballero dejó de temblar y, con una voz lo más fuerte y potente que pudo, pidió ayuda a Merlín, que tampoco ahora apareció.

El Caballero no debe luchar compulsivamente contra el dragón, porque la compulsión proviene del falso yo, por lo que deberá aprender el arte de conocerlo y luchar con él hasta someterlo al corazón y no dejarse avasallar por la obsesión.

Hace uso del coraje y grita al dragón, con una voz más fuerte y potente, para que se aparte de su camino, pero la bestia lanza fuego en todas direcciones. Significa en lo simbólico que al Caballero le gustaría que el falso yo se apartara de su vida y dejara de inundarle con las llamaradas de los conflictos y las pasiones. El fuego del dragón recuerda el de los seres hechos de fuego, los genios, que son aliados de Lucifer, quien no se sometió a la Fuente y encarnó las Fuerzas del Mal, simbolizadas en el dragón. Lo opuesto son las Fuerzas del Bien, representadas por los ángeles, que son seres de luz.

El dragón intenta amedrentar al Caballero, y éste quiere ganar tiempo preguntándole por la función que tiene en el Castillo de la Voluntad y la Osadía. La bestia dice llamarse Dragón del Miedo y la Duda, reconociendo el Caballero lo acertado del nombre, pues miedo y duda era lo que sentía su yo experimentador. La voluntad y la osadía –que son sus opuestos–, es lo que tendrá que rescatar dentro de sí mismo para vencer el miedo y la duda.

El dragón vuelve a vociferar al Caballero diciéndole que su misión es acabar con todos los listillos que creen poder vencerle porque han pasado por el Castillo del Conocimiento, que es donde el Caballero había rescatado el conocimiento primordial.

Ardilla le dice algo que escuchó de Merlín una vez: «El conocimiento de uno mismo podía matar al Dragón del Miedo y de la Duda». Poner en acción es la clave maestra para que se produzca el cambio. Ésta es la gran enseñanza del libro: **tener el suficiente coraje de poner en práctica el conocimiento que tiene de sí mismo; con ello logra amarse y amar a los demás,** y supone la síntesis de las Enseñanzas del Caballero de la Armadura Oxidada. El Caballero no lo cree, se bate en retirada y cruza el puente levadizo, dirigiéndose al campo de la cobardía, mientras se sacudía las chispas de la espalda.

El dragón se ríe y le lanza llamaradas, ante lo que el Caballero se achanta y duda de si seguir en la batalla, porque no quiere ser destruido por el monstruo. Pero si el Caballero emprendiera la retirada, no plantando cara a su falso yo, llevaría una vida de simple supervivencia, subyugado por las fuerzas destructivas.

Sam, se enfrenta a él y le reta, diciéndole: «¿Cómo te soportas, si no tienes la voluntad y la osadía de poner a prueba el conocimiento que tienes de ti mismo?». En su fuero interno, el Caballero sabe que es verdad.

Ardilla le dice que «la verdad es más poderosa que la espada». La espada simboliza la palabra, ésta es justicia, porque separa lo bueno de lo malo. El filo no es de un lado ni del otro, está más allá de la polaridad. La verdad es una espada.

El Yo verdadero se manifiesta cada vez con mayor fuerza en el Caballero, dándole más templanza. Nuestro héroe recuerda que no necesitaba probar nada. Sabía que era bueno, generoso y amoroso y, por lo tanto, no debía sentir miedo ni duda, porque ésos eran sentimientos del dominio del falso yo. Lo único que tenía que hacer era vencer al falso yo para renacer y vivir en la Verdad. Para ello pondrá en acción un conocimiento real, aunque el intentarlo sea arriesgado.

EN LA SEGUNDA CONFRONTACIÓN el Caballero miró a través del puente y vio al monstruo lanzando fuego sobre unos arbustos, para no perder práctica, pero descubre algo muy importante: «el dragón sólo existía si él creía que existía». El dragón y el falso yo son una ilusión, y cuanto más los alimente y les de realidad, más poder ejercerán sobre él.

Aunque el dragón va al encuentro bufando y echando fuego, el Caballero intenta seguir adelante, pero la valentía empieza a derretirse, lo mismo que su barba, por el calor del fuego.

Con un grito de temor y angustia el Caballero vuelve a batirse en retirada, chamuscado y dolorido, hacia el puente levadizo, mientras el dragón, sintiéndose con más poder, se ríe de él, que había salido huyendo para remojar su trasero en un pequeño arroyo. Significa que el ímpetu del falso yo puede arremeter con tanta intensidad y locura con sus pasiones que puede quemar la voluntad y el cuerpo, llegando a producir dolor. Por eso busca el agua fresca del arroyo, que es lo opuesto del fuego y que en un plano psicológico significa la purificación del fuego de las pasiones. Necesita un tiempo de reposo para depurar los miedos y enfrentarse de nuevo con el dragón, aunque éste haya crecido ante su cobardía. Cuanto más se amedrente el Caballero, más se crecerá el dragón.

Ardilla y Rebeca le dan ánimos y le recuerdan que el dragón y el fuego no son nada más que una ilusión. También Sam le invita a regresar a la puerta del castillo y enfrentarse al dragón de una vez. El Caballero flaquea y Sam le dice «Dios le dio coraje al hombre. El hombre le da coraje a Dios». Pero el Caballero no comprende el sentido de esas palabras.

Significa que Dios infunde Su atributo de coraje en el Caballero. Dios era un tesoro escondido y quiso ser conocido. Para ello hizo la Creación y la creó por desbordamiento de amor. Su primera manifestación en el mundo de la existencia fueron Sus nombres, tales como Fuente, Originador, Amador, Compasivo, etc. Dios es el espejo en donde el Caballero se mira, pero al mismo tiempo, el Caballero es la imagen-espejo en donde Dios contempla Sus nombres, tales como el Fuerte y el Victorioso. El Caballero es una réplica de la Realidad de Dios. La Creación, como un espejo, devuelve a Dios lo que ha puesto en ella. Es por eso por lo que el Caballero le devuelve a Dios el coraje que puso en él.

Sam le anima diciéndole: «Si te enfrentas al dragón, hay una posibilidad de que lo elimines, pero, si no te enfrentas a él, es seguro que él te destruirá». Siempre existe la posibilidad de eliminar al dragón, si el Caballero se enfrenta, y si no lo hace, tiene toda la certeza de ser destruido, es decir de que el falso yo se apodere del Yo verdadero. Tenemos la elección de luchar para vivir realmente, o morir lentamente en el autocompadecimiento y la cobardía.

EN LA TERCERA Y ÚLTIMA CONFRONTACIÓN, el Caballero inspiró profundamente y volvió a cruzar el puente levadizo. Por primera vez se menciona en el libro una práctica respiratoria. Serán dos veces más las que se haga referencia a esa técnica y comienza justamente al principio de la tercera confrontación con el dragón. A la tercera será la vencida. Un problema psicoemocional altera el cuerpo y afecta a la respiración. Hay una semiología de la respiración que vincula directamente la respiración con el ego, persona, alma y espíritu. En algunas lenguas —sobre todo en las más antiguas—, la raíz de la palabra «respirar» es la misma que se emplea para designar al yo experimentador. La respiración es, en términos generales y por extensión, sinónimo de hálito, soplo, pneuma, orgón, prana, chi, (espíritu, persona, ego, alma), etc. Es la energía cósmica fundamental, de naturaleza no eléctrica. Tiene una función tan importante en la vida que ha recibido muchísimas denominaciones. Cuando la respiración abandona a la persona en la muerte, el yo desaparece y el espíritu abandona el cuerpo. De ahí la importancia de la respiración en el ser humano, porque es el vínculo entre el cuerpo y el yo/espíritu.

La respiración es un acto relacionado con la vida sensorial. Ambas se influyen mutuamente: la respiración mueve con su aliento el cuerpo y las emociones, y a su vez éstas afectan la respiración. Como la respiración es vida, moviliza los tres elementos restantes: el agua, la tierra y el fuego.

El que no respira profundamente reduce la vida de su cuerpo. El Caballero inspira profundamente oxigenando su organismo y llenándolo de una energía vital que le relaja física y mentalmente, le aclara la mente y le da valor. En cada aliento respira el hálito con los ojos del Yo verdadero, respira la autenticidad y la verdad.

El Caballero era otro, pues se había impregnado de coraje y repetía la canción: «El miedo y la duda son ilusiones». Repetir una frase da confianza y poder; su práctica está en todas las tradiciones.

El dragón seguía tratando de quemar al Caballero pero, por mucho que lo intentaba, no conseguía hacerle arder. Eso significa que el falso yo crece, haciéndose muy destructivo, pero no llega a quemar totalmente con las pasiones del miedo y la duda cuando se ha restaurado la voluntad y la osadía en uno mismo.

Avanza con tanta determinación hacia el dragón que éste va haciéndose cada vez más pequeño. Las tornas cambian al ganar terreno y crecerse el Caballero, porque no siente miedo y, por lo tanto, el dragón va disminuyendo de tamaño, hasta llegar al de una rana. La rana es un batracio, es decir, un animal semiacuático y metamorfoseante. Representa la evolución del ser que sale del agua y se hace terrestre, aunque permanece ligado al mundo acuático. En lo simbólico encarna el momento en que el Caballero acepta que tiene el poder del conocimiento y lo utiliza. Es así como cambia de un estado a otro, al vencer al falso yo y transformarse en el Yo verdadero, que se simboliza en su victoria frente al dragón.

Al no poder lanzar fuego, el dragón lanza las Semillas de la Duda, que tampoco detienen al Caballero. Significa que el falso yo le pone una prueba y le cuestiona si ha extinguido realmente el miedo y la duda en él. Son pruebas que el falso yo le ha estado poniendo a lo largo de todo el proceso, pues ya vimos que dudaba entre si emprender el Sendero de la Verdad o regresar a casa y de si era cierta o no la experiencia que tuvo con el Yo verdadero. En general, es el miedo a lo desconocido y a los fantasmas que pueblan su cerebro.

El Caballero exclamó victorioso en un grito de júbilo: «¡He vencido!»

Es la primera vez que el héroe se siente plenamente victorioso. Ha logrado superar la lucha contra el dragón y lo ha dejado sin la capacidad de lanzar llamaradas y rugidos.

El Yo verdadero ha sometido al falso yo, ha vivido el fuego de las pasiones y las ha apagado, somentiéndolo a sus órdenes después de una gran batalla de dudas, derrotas, retiradas y avances.

No ha matado al dragón físicamente, sino en lo simbólico. Ha matado al falso yo y ha conseguido que de la alquimia de ese proceso de transformación interior renazca el Yo verdadero.

El dragón se queda casi sin habla, pero le dice que regresará una y otra vez para cerrarle el camino de la verdad. El Caballero se siente fuerte y majestuoso, pues habiéndose desprendido de la debilidad, ha rescatado lo que siempre estuvo dentro de él: la cualidad de victorioso. Lo reta con una potente voz, diciéndole que cada vez que regrese, será más fuerte que él, pues ahora conoce mejor sus artimañas y sus debilidades. Nuestro héroe ha despertado a un mundo más real y puede ver con mayor claridad el artificio del falso yo, que se ha quedado amedrentado y sin habla. El Caballero siempre vivirá acompañado del falso yo, por lo que tendrá que velar para no ser atacado por la bestia y que ésta se haga con el control de su castillo interior, destronando al Yo verdadero.

Después de la amenaza, el dragón desapareció en medio de una explosión de llamas de color azul.

El Caballero ya no se siente inferior a su amiga emplumada, Rebeca, aunque ésta simbolice la pureza y el espíritu y se parezca a los ángeles por estar más próxima al cielo y tener alas. Él también puede volar ahora al conocimiento y conocer los significados de la existencia. Ha pasado del estado de estar aterrado por el dragón al de contemplar la altura de lo verdadero, sin perder la visión de la tierra. El dragón terrestre se ha transformado en el Dragón Alado chino. El falso yo se ha transmutado en Yo verdadero.

El Caballero alarga su brazo para abrir la puerta y, para su sorpresa, se encuentra con que el Castillo de la Voluntad y la Osadía ha desaparecido. Ya no tiene razón de existir, porque el Caballero ha rescatado esas cualidades de su castillo interior que ahora se manifiestan en toda su belleza y majestad.

«El Caballero echó la cabeza atrás, riendo de pura alegría». Es la primera vez que el Caballero ríe de ese modo y se encuentra en un estado de euforizante expansión. Con ese ánimo vio la cima de la montaña. «El sendero parecía aún más empinado que antes, pero no le importaba». Es así porque le queda la última y definitiva prueba en la que la confrontación será aún mayor. No es de extrañar que le resulte tan cuesta arriba, porque desprenderse de todo lo que conocía para conocer lo desconocido es la tarea más titánica que pueda emprender un ser humano. Pero sabe que ya nada puede detenerle, porque ha asumido responsablemente su conocimiento; en él han renacido la voluntad y la osadía y ha vencido al falso yo.

SIETE CLAVES PARA MEDITAR

1. *¿Cuál es uno de los nombres de tu dragón interior?*

2. *¿Cómo te enfrentas al dragón?*

3. *¿Cómo es tu valentía y coraje de guerrero?*

4. *¿Puedes hacer una lista de tus miedos?*

5. *¿Pones a prueba el conocimiento de ti mismo?*

6. *¿Dudas y te bates fácilmente en retirada?*

7. *¿Das realidad a lo que es mera ilusión?*

SÉPTIMA PRUEBA:
LA CIMA DE LA VERDAD

EL SÍMBOLO DE LA ASCENSIÓN A LA MONTAÑA HA EXISTIDO EN TODAS LAS CULTURAS. Lograr ese ascenso implica superar una dificultad y un esfuerzo.

Los místicos han vivenciado la subida como un proceso doloroso, pero necesario, para purgarse de los apegos, que son la causa del sufrimiento.

El rito de ascensión o escalada del monte significa siempre la transcendencia de la condición humana y la conquista de estados espirituales.

LA MONTAÑA ES UN LUGAR SAGRADO donde se unen el cielo y la tierra. Es el centro del mundo y su cima simboliza la Verdad. Es también un lugar de poder, no sólo por la proximidad del cielo, sino porque allí se da la confluencia de corrientes telúricas. Es un lugar propicio para la meditación y el encuentro con la Fuente. En la montaña muchos mensajeros recibieron la revelación del mensaje.

LA CIMA DE LA MONTAÑA es el lugar más elevado, donde la Fuente se revelará al Caballero y éste se unirá a Ella después de haber pasado por un proceso de purificación que le habrá ido liberando de las armaduras. La cima del monte es un lugar sagrado donde todo resplandece, representado aquí por la Cima de la Verdad, en la que el Caballero sacrificará su identidad o falsa personalidad. Morirá el ser condicionado para renacer el Ser real luminoso, haciéndose fuerte en lo profundo de sí mismo.

EL CABALLERO TRATA DE ALCANZAR LA CIMA. Va agarrándose con los dedos ensangrentados a las afiladas rocas de la pared vertical, escalándola palmo a palmo, centímetro a centímetro.

Este último tramo de la montaña es el que entraña mayor dificultad, porque implica desapegarse de todo lo que le turba del yo experimentador, aniquilar su identidad ficticia y quedarse ligero de equipaje. Es el desafío más grande por el que tendrá que pasar para alcanzar la cima de su Ser. En cada instante nos jugamos la vida y en cada momento tenemos la posibilidad de dar un cambio a nuestra existencia.

Las manos son la única parte del cuerpo con las que el Caballero se aferra en la ascensión y representan la idea de mantener lo que le queda de sus apegos y el temor a soltar todos los condicionamientos que le habían dado sentido a su vida, sin los que creía no ser nada. Estaba agarrado por sus infiernos, igual que la corriente en un cable eléctrico nos agarra atenazándonos sin que podamos soltarlo. El Caballero está decidido a no perpetuar su posición de condenado y, aunque teme la condición de liberto, se arriesgará dejándose caer en el vacío.

A pesar de la dureza de la prueba, lucha por conquistar la última verdad dentro de él. El recorrido que le queda por hacer, además de ser estrecho, es muy escarpado, lo cual equivale a lo penoso que resulta prescindir de todo aquello que produce una falsa seguridad.

NO PODRÁ CONOCER LO DESCONOCIDO SI SE AFERRA A LO CONOCIDO. Estando ya cerca de alcanzar la cima se encuentra con un enorme canto rodado que bloquea su camino y en el que ve la siguiente inscripción: «Aunque este Universo poseo, nada poseo, pues no puedo conocer lo desconocido si me aferro a lo conocido».

El significado de la inscripción hace mención a los obstáculos de su vida representados por el cuádruple aferramiento a lo conocido: cosas «conocidas», identidad, creencias y juicios, que son lo que le impide el acceso al Conocimiento.

La interpretación de la primera parte de la inscripción es que el Universo está dentro de él, por lo tanto lo posee. En otro plano de entendimiento podemos decir que, estando hecho el Universo con el Hálito de la Fuente, todo Le pertenece y todo regresa a Ella. Por lo tanto, el Caballero no posee nada.

La segunda parte de la inscripción significa que para conocer lo desconocido, tendrá que desaferrarse de lo conocido, que consiste en el condicionamiento de los viejos hábitos, las creencias y acciones erróneas, que no tienen existencia propia y son mera ilusión.

El mundo de lo conocido abarca el ámbito de lo existencial espacio-temporal y es una pequeña parte del mundo de lo desconocido. Parte de ese universo de lo desconocido hace referencia al mundo de lo existencial, que es necesario recuperar para completar el puzzle de nuestra historia biográfica común. Sin embargo, hay otro universo paralelo –llamado Mundo de lo Desconocido– que es mucho más extenso: es la dimensión del No-visto o Invisible, que es el mundo de lo Real y de donde proviene el auténtico Conocimiento.

Cuando estaba a punto de vencer el último obstáculo y coronar la Cima de la Verdad (de su verdad), el Caballero se hallaba al límite de sus fuerzas.

A pesar de que tenía la firme convicción de que debía poner todo su esfuerzo en el intento, le resultaba imposible desvelar el significado de la inscripción y estar al mismo tiempo suspendido de las rocas cortantes, lo cual es lo mismo que pretender descifrar el significado de la inscripción mientras la mente está colgada de los viejos hábitos. Sin embargo, el firme propósito de alcanzar la cima, del que no se aparta, le llevará a cambiar el estado de su mente por otro con mayor capacidad de discernimiento.

Viendo las dificultades del Caballero, Ardilla y Rebeca están tentadas de ayudarle, aunque no llegan a hacerlo porque «sabían que a veces la ayuda puede debilitar al ser humano.» Toda ayuda que reciba en momentos en que tenga que descifrar por sí solo los secretos de su existencia le dificultará el proceso de desapego. Por otro lado, al haber ido superando las pruebas anteriores, el Caballero ha puesto lo mental al servicio del corazón y se ha desprendido de las pasiones y de los bajos instintos, por lo que de poca ayuda podrían servirle los animales, que representan la pulsión instintual.

El Caballero inspiró profundamente –es la segunda vez que se menciona en el libro– y, con una actitud renovada, lee la segunda parte de la inscripción y «reflexionó sobre algunas de las cosas "conocidas" a las que se había aferrado durante toda su vida. Estaba su identidad –quién creía que era y que no era–. Estaban sus creencias –aquello que él

144

pensaba que era verdad y lo que consideraba falso—. Y estaban sus juicios —las cosas que tenía por buenas y aquellas que consideraba malas».

Este párrafo expresa su vida de condicionamiento y especifica cuatro aspectos que forman su personalidad, de la que tendrá que desprenderse para llegar realmente a conocer lo desconocido. Estos condicionamientos vienen dados por los padres, los maestros, la educación, la sociedad, la política, la economía y la religión. Han sido adquiridos en un proceso de aprendizaje y, aunque sean necesarios en la vida de relación con la existencia, son velos que cubren el Ser. Su importancia personal le había inducido a percibir el mundo de esa manera concreta que le llevaba a defender su identidad y estar convencido de que lo único real era el ego.

Al volver a leer la inscripción de la roca, «un pensamiento terrible pasó por la mente». Conocía lo que significaba la roca —lo conocido— y sentía miedo de abandonarse, porque estar aferrado a ella le daba cierta seguridad y pensaba que al soltarse no sería nadie. Meditando llega a la conclusión de que «debía soltarse y dejarse caer al abismo de lo desconocido». Sam le confirma que está acertado en su decisión. Tendrá que dejarse llevar por el río de los acontecimientos conscientemente y no ofrecer resistencia.

Empieza un forcejeo entre las dos partes en contienda, el falso yo y el Yo verdadero. Sam le dice que ya está muriendo físicamente, por la extrema delgadez a la que ha llegado y, también por el estrés y el miedo que le atenazan. Sam le propone que se deje ir y *confíe*, pero el Caballero se resiste a estos consejos del Yo verdadero.

TENDRÁ QUE CONFIAR EN LA FUENTE, porque sólo así podrá alcanzar el objetivo de su viaje.

145

El Caballero pregunta a Sam en *quién* debe confiar, haciendo referencia a personas, y éste le responde que no ha formulado la pregunta adecuada. Lo importante es saber en *qué* se debe confiar y le aclara que se trata de «la Vida, la Fuerza, el Universo, Dios, como quieras llamarlo».

Dios es aquello que no se puede nombrar; si se nombrase, no sería el verdadero Dios. Se le conoce por Sus nombres, como son el Originador del Universo, el Viviente, el Verdadero, entre otros. No es alcanzable por medio de la razón, sino a través de la intuición del corazón. No tiene figura, ni sexo; no ha engendrado ni ha sido engendrado y no hay nadie que se Le parezca. Independientemente del nombre, el Caballero tendrá que confiar en Él.

Mientras pensaba en todo eso el héroe permanecía aferrado a las rocas con las manos laceradas y ensangrentadas y, al mirar por encima del hombro, contempló el abismo aparentemente infinito que había debajo de sus pies. Había comenzado el proceso de la recta final. Su corazón se abre al conocimiento de los significados y contempla el gran abismo de lo desconocido. Mira por encima del hombro, que es donde la paloma solía posarse, como si quisiera hacer suyo lo que ésta representa, el vuelo de lo espiritual.

Sam le insiste con urgencia en que se deje ir y le infunde coraje, porque el salto mortal al vacío requiere confianza en el Yo verdadero. El Caballero está ante el dilema de soltarse para conocer lo desconocido o seguir aferrado a lo conocido. Sus fuerzas se van debilitando por momentos y «la sangre brotaba de sus dedos allí donde se aferraban a la roca. Pensando que moriría, se dejó ir y se precipitó al abismo, a la profundidad infinita de sus recuerdos».

La vivencia del desprendimiento y la posible aniquilación del yo experimentador es tan intensa en lo físico y en lo psicológico que recuerda la agonía de la muerte. Aún estando exhausto y al límite de las fuerzas, no acaba de desprenderse de los últimos vestigios de su importancia personal.

El ego quiere seguir manejando la realidad para autoafirmarse y convencerse de que es real. Esa actitud consume todas las energías, pero, al dar el paso de soltarse, recanalizará esas energías, poniéndolas al servicio para conocer lo desconocido.

El temor a desasirse de las rocas significa, en el plano psicológico, desprenderse de las resistencias psicológicas que le impiden profundizar en lo verdadero y soltar lo falso, como la no aceptación de la responsabilidad, el miedo y la desconfianza propios de la falta de integración consigo mismo y del estado de desunión con la Fuente.

Despellejarse las manos representa la idea de quitarse la cubierta del falso yo para que brote la sangre de la vida del Ser. La visión de las heridas en las manos ofrece en el plano simbólico la imagen del desangramiento. La sangre es un fluido muy especial, es la «savia de la vida» y la fuerza vital; en ella late el yo experimentador manifestándose físicamente. Desangrarse se puede tomar como un acto ritual de purificación del cuerpo y de aproximación a la muerte física y simbólica, ya que la sangre es bombeada por el corazón, lugar en el que reside el Yo verdadero. También puede simbolizar que una dificultad tan grande como desapegarse de todo lo que no es, puede llegar a ser tan sangrante, que pueda quitarle la vida.

Ese descendimiento hacia una posible muerte corporal es también, en lo simbólico, una regresión a las profundidades del inconsciente y al núcleo de la Sombra.

ASUME RESPONSABLEMENTE LAS ACCIONES DE SU VIDA y eso le facilita que pueda descargarse de su armadura y descender al abismo de sus recuerdos.

«Recordó todas las cosas de su vida de las que había culpado a su madre, a su padre, a sus profesores, a su mujer, a su hijo, a sus amigos y a todos los demás. A medida que caía en el vacío, fue desprendiéndose de todos los juicios que había hecho contra ellos».

En lugar de responsabilizarse de sus propias acciones y pensamientos, había estado utilizando ese mecanismo de defensa que se denomina «proyección» y que consiste en atribuir a los otros los aspectos que uno rechaza en sí mismo. Ahora, al haber logrado acceder a un mayor discernimiento, reconoce con mayor claridad y acepta lo que le corresponde, liberándose de la carga de los juicios emitidos contra ellos.

«Fue cayendo cada vez más rápidamente, vertiginosamente, mientras su mente descendía hacia su corazón. Luego, por primera vez, contempló su vida con claridad, sin juzgar y sin excusarse».

En ese instante aceptó toda la responsabilidad por su vida, por la influencia que la gente tenía sobre ella y por los acontecimientos que le habían dado forma.

Según iba descendiendo al océano de sus recuerdos, fue quitándose los velos que le cubrían el corazón y que habían sido puestos por la parte negativa del yo experimentador.

La posición corporal que mejor ilustra ese acto de sumisión de la mente al corazón es la postura de rodillas con la frente en el suelo, posición en la que la cabeza queda por debajo del corazón.

CORONA LA CIMA DE LA MONTAÑA al poner la mente al servicio del corazón y asumir su propia responsabilidad.

Fue entonces cuando experimentó una nueva sensación de poder y libertad y dejó de sentir miedo. «Le sobrevino una desconocida sensación de calma y algo muy extraño le sucedió: ¡empezó a caer *hacia arriba*!...»

Hasta ese momento el Caballero no conocía esa extraña sensación de calma que es propia del estado del ego apaciguado, ya que siempre había estado batallando compulsivamente. Se dio cuenta de que tenía que abandonarse, que ese estado espiritual era el preludio del estado de iluminación.

Descender a las sombrías entrañas de la tierra lleva implícito ascender a la luz del cielo. El movimiento de transformación sólo puede dar los frutos de cambio de la vieja forma del falso yo en el Yo verdadero, cuando la ascensión viene del abismo, porque sólo al bajar hasta el fondo de los infiernos puede darse el nuevo movimiento hacia arriba. El hombre verdadero es aquel que en su descenso al mundo subterráneo de la oscuridad de las sombras ha eliminado los viejos condicionamientos y, por eso, su espíritu asciende al corazón.

Caer hacia arriba es una paradoja imposible de comprender con la lógica y el razonamiento propios del hemisferio izquierdo del cerebro, pero el hemisferio derecho, que está asociado al pensamiento analógico y a la intuición, le permite comprender que asciende del oscuro abismo hacia el cielo y, al mismo tiempo, se siente conectado con lo más profundo de sí mismo, con el centro de la tierra, con su bajo vientre —llamado por los japoneses Hara, centro vital del hombre—, es decir, con su realidad. Al abandonarse, se ha realizado en lo descendente, en pura servidumbre al Yo verdadero, y ha ascendido al conocimiento divino.

Necesita integrar los opuestos en la fase que precede a la iluminación y sobrepasarlos, por eso se encuentra entre el Cielo y la Tierra, asumiendo la dualidad del mundo de lo interno y el de lo externo, para lograr así la unificación. Al igualarse, los opuestos se compensan. De ese modo no caerá en una falsa espiritualidad ni tampoco en una mundaneidad excesiva.

«Repentinamente dejó de caer y se encontró de pie en la cima de la montaña y comprendió el significado de la inscripción de la roca. Había soltado todo aquello que había temido y todo aquello que había sabido y poseído. Su voluntad de abarcar lo desconocido le había liberado. Ahora el Universo era suyo, para ser experimentado y disfrutado».

Si al comienzo del viaje el Caballero estaba alejado del Universo, ahora, al llegar a conocer su yo experimentador puede conocerse a sí mismo y, por lo tanto, conocer el Universo.

La ascensión a la cima fue súbita, debido al grado de abandono alcanzado. En ella los acontecimientos se iban sucediendo más allá del tiempo cronológico, fluyendo en el río del desvelamiento.

El Caballero había aniquilado su ego, que es el primer nivel de experiencia del animal humano. Con él tenía la conciencia de sí mismo, que es la condición básica y necesaria para el viaje, sin la cual no hubiera podido llegar hasta la cúspide de la montaña de su mismidad.

Se había liberado del ego pasional, del condicionamiento, de todo aquello que había temido y de todo lo que había sabido y poseído. Se había desprendido de todo aquello que velaba su realidad y le proporcionaba un sufrimiento destructivo.

Ya no será prisionero de la ficción de su yo experimentador, sino que percibirá una identidad biológica directa, que corresponde a un estado que ya no hace referencia al yo, sino al espíritu, que en el libro es nombrado como Yo verdadero.

Es por eso por lo que se encontró en la cima de la montaña de pie, lo cual significa que ha ascendido a las sagradas glorias de las alturas de su Ser, simbolizado por la cima de la montaña. Se ha puesto de pie, presentándose en su mismidad ante la Fuente y aceptando su realidad humana y divina. La posición recta en la cima de la montaña es como una prolongación de la misma, que por un lado simboliza la transcendencia de la dualidad y por otro que el poder le viene del Cielo a la Tierra. Representa, además, la aproximación a la Fuente, puesto que ha alcanzado el punto más alto de la montaña.

Gracias a la Voluntad de Poder de abarcar lo desconocido ha podido desprenderse y encontrar la liberación. El Universo es suyo, porque reconoce que toda la Creación está dentro de él, y puede disfrutarlo sin conflictos que se lo impidan.

La naturaleza humana es un término que define al hombre como una reunión cósmica, por eso el Caballero es hombre/cosmos, es universal, su cualidad humana reside en ese aspecto englobador de su existencia. Ya no tiene una psicología y, sin embargo, sigue existiendo.

Los sentidos y los sentimientos se despertaron aún más en él al elevarse el corazón por encima de su mente y, de ese modo, pudo contemplar la Naturaleza tal como era.

«El Caballero permaneció en la cima, respirando profundamente, y le sobrevino una sobrecogedora sensación de bienestar...»

A través de una respiración profunda –es la tercera y última vez que se alude a la respiración en el libro– inspiró el espíritu vital que procede de la Fuente y facilitó el estado de expansión del que disfruta.

Antes de ponerse la armadura, el sistema sensorial estaba abierto para percibir y sentir la existencia, pero el temor a lo desconocido le había provisto de una actitud física y mental de entumecimiento de los sentidos. En lo físico se había provocado tensiones musculares, contracturas que dieron lugar a la formación de la armadura muscular y al anquilosamiento de los sentidos. En lo psicológico había asumido que su falso yo tenía una realidad mayor que su Yo verdadero y había permitido que el falso yo dominara sus actos y pensamientos. En lo emocional había puesto una coraza a su corazón para no ver, oír, tocar, oler y saborear los sentimientos, porque le resultaban demasiado dolorosos. Como no se atrevía a reconocer lo que le estaba sucediendo en las cruzadas y con su familia, se había hecho insensible. Llevando la armadura había logrado simplemente sobrevivir, pero nunca había conseguido vivir realmente.

Al revivificar los sentidos, se sintió arrebatado por una sobrecogedora sensación de bienestar y percibió un extraño mareo a causa del desbordamiento de la percepción de los sentidos, al ver, oír y sentir el Universo que le envolvía en todo un despliegue de belleza y majestad.

Ya tenía acceso a un conocimiento directo gracias a que su corazón estaba abierto al mundo de los significados. Podía experimentar y comprender con una claridad indescriptible el despliegue de los secretos de la Naturaleza, que le hablaba en un lenguaje que antes no entendía y que le producía un placer inexpresable de embriaguez por su maravilla: «La calidez del sol del atardecer, la melodía de la suave brisa de la montaña y la belleza de las formas y colores de la naturaleza que pintaban el paisaje...». Reconoce en cada manifestación la belleza del Universo. Había regresado a un estado primordial de conocimiento que le permitía una visión clara de la realidad. Veía las cosas tal como eran, sin cubrirlas con la opacidad de los velos del falso yo.

En esa experiencia se producirá la total redención del Caballero. Siente agradecimiento hacia los demás y promete no volver a ponerse la armadura, ni desempeñar el papel de caballero.

Su corazón rebosaba amor por sí mismo, por su esposa, por su hijo, por su maestro Merlín, por sus compañeros de viaje, Ardilla y Rebeca, por la vida y por todo el maravilloso mundo que la Fuente le había permitido conocer.

Se puso de rodillas y de sus ojos surgieron lágrimas de gratitud, pues había conseguido el objetivo de su viaje: conocerse y amarse.

Ardilla y Rebeca le contemplaban. Nada más podían hacer por él, pues ya era un ser autodeterminado y con libertad absoluta, no dependiente de las cosas de la existencia y conocedor de su relación con la Fuente.

Durante toda su vida había reprimido los sentimientos y contenido las lágrimas que nunca se había permitido derramar y que ahora fluyen de sus ojos. Llora como nunca lo había hecho, como si fuera el acto ritual definitivo.

En lo simbólico, el agua había purificado el fuego de las pasiones y de las contradicciones del bajo yo. Las lágrimas mostraban sentimientos nunca expresados, por eso la cantidad derramada parece ser la mayor de todas porque ha logrado dinamitar todos los diques de contención que aún le quedaban y ha llegado al final de su redención y su purificación.

A través de las lágrimas mueren los últimos vestigios de todas las armaduras: física, emocional, psicológica, energética y del corazón. Así aparece como un ser lleno de ternura capaz de entregar amor a los demás. Estaba en la morada del amor.

«Las lágrimas resbalaban por sus mejillas, por su barba y por su peto. Como provenían de su corazón, estaban extraordinariamente calientes, de manera que no tardaron en derretir lo que quedaba de su armadura».

El corazón es el centro del cuerpo, está bajo el signo del fuego, el calor. Es el lugar donde se asienta el espíritu, también llamado Yo-esencia, Ser o Yo verdadero. Las lágrimas de autocompasión y de tristeza que había derramado en algunos momentos del Proceso, procedían de un ego enfermizo y eran diferentes a éstas. Las que derrama ahora son de felicidad, de alegría, de gratitud, de sinceridad y de amor y proceden de un corazón más puro; por ello poseen un calor tal que derriten lo que aún quedaba de la armadura, el peto. Éste corresponde al segmento torácico, donde se aloja el corazón y los pulmones y está relacionado, en su aspecto negativo, con la angustia, la ansiedad, el miedo y el dolor y, en el positivo, con los sentimientos de alegría, amor y ternura. La ternura ha vencido a la dureza del corazón. El peto también abarca el segmento diafragmático, músculo maestro de la respiración que se sitúa en la mitad del cuerpo y actúa como paso de las emociones que ascienden de la pelvis hacia la cabeza. El llanto favorece el desbloqueo de la armadura tensional del diafragma y esto descongestiona, por lo que afloran los sentimientos.

Al volver a llorar de alegría, el Caballero hace una promesa de vital importancia: nunca volverá a ponerse la armadura del falso yo ni a llevar a cabo múltiples empresas al mismo tiempo. Ha dejado de querer cabalgar en todas las direcciones a la vez. Tampoco engañará a los demás, confundiéndoles con el brillante reflejo de su falso yo. Todo eso ha dejado de tener sentido para él.

SE TRANSFIGURA EN UN SER LUMINOSO por la luz que irradia su corazón.

«Sonrió a través de sus lágrimas, ajeno a que una nueva y radiante luz irradiaba de él; una luz mucho más brillante y hermosa que la de su pulida armadura, destellante como un arroyo, resplandeciente como la Luna, deslumbrante como el Sol. Porque ahora el Caballero *era* el arroyo. *Era* la Luna. *Era* el Sol. Podía ser todas estas cosas a la vez y más, porque era uno con el Universo. Era *amor*».

En este último estado espiritual que el Caballero ha alcanzado transciende el mundo de los sentidos y experimenta un mayor grado de proximidad de la Fuente. A la aniquilación del falso yo sucede el impacto de la iluminación. Está aturdido, desconcertado e iluminado, y este estado es devastador para el yo experimentador, puede romperle el equilibrio. Debido a eso está ajeno a la nueva luz que irradia de él, porque ha muerto a lo sensorial, ha renacido al mundo de los significados y ha obtenido una visión unificada de la Fuente Origen. El Caballero está transfigurado.

Sus actos atestiguan la transformación del yo experimentador en luminoso. El manantial de donde mana el yo/cosmos es el secreto unificador que reúne la majestad y la belleza en la Unidad. Tiene conocimiento de lo Real y regresa hacia la presencia de la Misericordia de la Fuente. Ha reunido el conocimiento de su naturaleza humana, de la divina y de la Fuente Original.

Se ha hecho luminoso, irradiando una luz que sale de su corazón y que es más sutil y mucho más brillante y hermosa que la de su pulida armadura que era una luz que provenía del brillo de sus máscaras que tanta admiración habían causado, pero que ocultaban la luz del corazón.

Esa luz que emana de él deslumbraba, destellaba y resplandecía más que el sol, el arroyo y la luna. El deslumbrar del sol es un símbolo de la luz de la Fuente y de la luz del Yo verdadero; el destello del agua simboliza la luz de la renovación espiritual; y el resplandor de la luna, al ánima. Pero la calidad de la luz espiritual que desprende el Caballero es mucho más sutil que esas tres irradiaciones, que son de una luz de naturaleza biofísica.

El arroyo está cerca del manantial y representa al agua con la que en la sexta prueba había sofocado el fuego del dragón de su falso yo, metiéndose en el arroyo. También se había purificado con el agua de sus lágrimas.

El Caballero había alcanzado un grado de espiritualidad muy elevado en ese estado de continuidad en la Fuente, y regresa a las cosas creadas, al mundo existencial, a los sentidos, pero revestido de luces y con la guía de la visión interna del corazón.

Se había integrado con la Naturaleza porque sabía que estaba hecho de los mismos elementos (agua, tierra, fuego y aire).

El Caballero reconoce que esos cuatro elementos estaban en él, porque es aire, por su respiración; es fuego, por sus pasiones y es una mezcla de tierra y agua (turba, humus y materia orgánica en fermentación). Ha retornado a la condición de humano y, habiendo aceptado lo que es, desvela los signos de la Creación y se abre a la dimensión celestial. Además, participaba del destello del arroyo, del resplandor de la luna y del deslumbrante sol, porque la luz del Caballero también tiene esas bellas cualidades de la Fuente. Conocía que todo en la Creación estaba hecho con el hálito amoroso de la Fuente.

La unificación del Caballero en la Fuente viene simbolizada por el matrimonio místico entre el Sol y la Luna, entre los opuestos luz-oscuridad, en donde el Sol no se pone y la Luna no se oscurece. El Sol simboliza lo masculino, la conciencia, el fuego. La Luna simboliza lo femenino y las inevitables facetas cambiantes del inconsciente.

SE UNE AL PRINCIPIO QUE ES AMOR. Por eso, ahora, el Caballero era el arroyo, era la Luna y era el Sol: todo a la vez, e incluso más, porque había reconocido que la Naturaleza estaba hecha del mismo hálito vivificador que él, y poseía la comprensión de los significados de las cosas. Es aún un grado más que el resto de la Creación porque al ser el representante de la Fuente en la Tierra, es sabedor de la unión con el Universo (la Fuente, la Verdad, la Realidad y el Amor). Tiene una percepción directa de su Ser y de la propia realidad original, de su identidad adámica. Éste es el estado de máxima aproximación y de unión en la Fuente, pues ya no es que posea el Universo, como sentía cuando se encontraba de pie en la cima de la montaña, sino que es uno con el Universo. En cierto nivel de comprensión en el mundo de la existencia, no podemos decir que somos Dios, porque sólo existe un único Dios y, todo en la existencia son criaturas de Él, uno no existe por sí mismo sino por Él. Sin embargo, en un nivel de comprensión más elevado, el Caballero podría decir de sí mismo: «Yo soy la Verdad».

El Yo verdadero, lejos de estar constreñido, está expandido, más allá de sus límites reconocibles, más allá de la forma; su límite no es el cuerpo, sino el Universo. No solamente experiencia su cuerpo, sino el Universo en él. Es por eso por lo que se vive como arroyo, como Luna, como Sol, él es creación y el Universo también lo es, son lo mismo, ha regresado a la Naturaleza. Ya no estaba encerrado en una identidad.

Al comienzo del viaje el Caballero no buscaba poderes sobrenaturales, sino un conocimiento útil para conocerse y amarse. Para ello había pasado por los estados de la noche oscura del temor y por la anchura del espíritu, pero la Fuente le sacó al final del viaje de ambos estados para que no fuera de ninguna otra cosa sino de Ella. El falso yo ha desaparecido; el Yo verdadero se ha hecho presente y luminoso, el Caballero sólo contempla la inmensidad de la Luz.

Era amor, porque éste es el principio con que había sido creado, por desbordamiento de amor del Creador, quien le había permitido conocer los secretos del amor fluyendo continuamente de Él en toda su plenitud.

Comenzó la aventura al reconocer la ausencia del amor en él y, sintiéndose nostálgico y con un anhelo profundo por su recuerdo, emprendió un viaje que ahora llegaba a su fin. El libro concluye con «el Principio», que es uno de los nombres del Creador. Él es el Primero, también es el Último porque todo el asunto retorna a Él una vez entregado a nosotros. La primera manifestación de la Fuente fue el amor. El Caballero se había unido en amor a la Fuente y había cumplido el eterno retorno de sí mismo, la vuelta al Principio y Éste es Amor.

SIETE CLAVES PARA MEDITAR

1. ¿Cómo es tu ascensión a la montaña?

2. ¿A qué te aferras? ¿Temes abandonarte?

3. ¿Qué te roba la libertad y te impide ser feliz?

4. ¿En qué tienes confianza?

5. ¿Asumes tu propia responsabilidad?

6. ¿Tienes capacidad para ver la Naturaleza con los ojos del corazón?

7. ¿Qué grado de unión tienes con la Fuente?

Índice

Índice